Alles Gute zum Geburtstag Bro!

W0369109

Ich bin mega dankbar für deine Freundschaft und den ganzen Support, grade in der letzten Zeit!

Mit dem Buch hast du nochmal ne ganz kompakte Sammlung und kannst auch mal ein paar Poke Bowls selber zaubern :-p

Lass da schmecka!

Greetz

Fabi and Laura

TANJA DUSY

BUDDHA BOWLS

SUPER EASY!

ÜBER
50 EINFACHE
REZEPTE
MIT 8 BUNTEN
POKÉ BOWLS

EMF

EIN BUCH DER
EDITION MICHAEL FISCHER

INHALT

WAKE UP, NO HURRY BOWLS

HOT BOWLS – VEGAN & VEGGIE

HOT BOWLS – FISCH & FLEISCH

COOLE BOWLS

EASY BUDDHA BOWLS

Der Trend scheint ungebrochen: Egal, ob exotische Açaì-Bowls mit Superfood-Topping, kunterbunte Rainbow-Bowls oder hippe Poké-Bowls mit mariniertem Fisch nach hawaiianischem Vorbild: Bowls findet man heute inzwischen weltweit fast überall. Das freut mich, denn ich liebe die bunten Schüsseln, die, prall gefüllt mit frischen Zutaten, richtig lange satt, glücklich und zufrieden machen.

Und das ist auch die Idee einer perfekten Buddha Bowl: eine Mahlzeit, die auf absolut unkomplizierte Weise alles bietet, um auf gesunde und ausgewogene Art satt zu machen. Mehr braucht es nicht: keine Snacks und kein Naschen zwischendurch, kein Fastfood und kein schlechtes Gewissen. Dafür gibt es beste Zutaten, jede Menge Aromen und unterschiedlichste Texturen, die sich zu einem harmonischen Ganzen fügen.

Und weil ich das jeden Tag und möglichst unkompliziert möchte, gibt es bei mir jetzt immer häufiger Easy Buddha Bowls. Mit diesen Rezepten kann jeder noch schneller und müheloser genießen: durch intelligente Zutatenauswahl, ideale Zusammenstellung, ein paar Easy-Vorratsrezepte und viele kleine Tricks beim Vorbereiten und Kochen, die Stress vermeiden und Zeit sparen. Manchmal wird auch (fast) gar nicht gekocht, sondern Pürierstab oder Herd erledigen die halbe Arbeit. Oder man genießt einmal ganz entspannt coole Bowls aus dem letzten Kapitel, in denen sogar der Herd einen freien Tag hat. So wird bei keiner Bowl mehr als 30 Minuten selbst gearbeitet, und in fast derselben Zeit stehen die meisten Gerichte dann auch schon auf dem Tisch.

Das gelingt garantiert und vor allem ohne ungesunde Fertigprodukte. Denn auch das gehört für mich nach wie vor zu einer richtigen Buddha Bowl: die bewusste Auswahl guter Zutaten und das achtsame, relaxte Zubereiten und Essen einer Mahlzeit, die einfach göttlich schmeckt.

BUDDHA BOWLS – EINFACH UND RICHTIG GUT

ACHTSAM ESSEN

Schon beim Namen Buddha Bowl denke ich automatisch an eine der gängigen Darstellungen der asiatischen Gottheit: dickbäuchig, satt und rundum zufrieden lächelnd, ganz in sich ruhend. Aber tatsächlich existiert der Begriff Buddha Bowl auch in der japanischen Zen-Buddhismus-Praxis. Dort pflegt man das „Oryoki", die Tradition des rituellen gemeinsamen Essens, wobei Oryoki sowohl das gemeinschaftliche Klostermahl, als auch den dafür verwendeten Satz an unterschiedlich großen Schüsseln bezeichnet, die jeder Mönch sein eigen nennt. Die größte dieser Schüsseln, in die alle anderen gestapelt werden können, heißt „Zuhatsu" – Buddha Bowl.

Übersetzt bedeutet Oryoki in etwa so viel wie „Das, was gerade so viel enthält, wie man braucht". Und so ist auch das gemeinsame, meditative Mahl der Zen-Mönche unter anderem eine „Ess-Übung", bei der es um das Beweisen von Achtsamkeit geht. Um einen bewussten Umgang mit seiner täglichen Nahrung, der sich auch ganz wunderbar in unseren Lebensalltag übertragen lässt. Hier spielt Essen häufig eine nebensächliche und untergeordnete Rolle: hier ein Coffee to go, dort ein Snack auf die Hand und essen am Schreibtisch nebenbei – das ist allzu oft unser reales, alltägliches Essritual. Oft merken und vor allem schmecken wir gar nicht mehr, was wir essen. Genau so wenig, wie wir merken, wie viel wir so ganz nebenbei zu uns nehmen. Erst beim Blick auf die Waage oder in den Spiegel fällt uns wieder auf, wie unser Essverhalten sich auf Gewicht, Aussehen, Gesundheit und Wohlbefinden auswirken kann.

Buddha Bowls sind dagegen ein ganz einfacher, wunderbarer Weg, um wieder bewusst und mit Freude zu essen: Von allem das Passende und (gerade) so viel, dass wir satt und zufrieden sind und zusätzlich gesund, schlank und fit bleiben. Das bedeutet aber erstaunlicherweise gerade nicht klösterliches Fasten. Bei einer gelungenen Bowl handelt es sich vielmehr um eine rundum ausgewogene Mahlzeit, die uns auch wieder lehrt, wie gut frische, gesunde Zutaten schmecken können und wie sich Aromen und Texturen einzelner Lebensmittel zu einem herrlich schmeckenden Ganzen ergänzen. Das macht zugegebenermaßen etwas Arbeit, bringt aber auch Freude: schon beim bewussten Auswählen der Zutaten, beim Vorbereiten und beim Kochen am eigenen Herd. Und das schlägt spätestens beim genussvollen Essen die Ergebnisse eines schnellen, unkontrollierten Griffs zum nächsten Fertigprodukt im Supermarkt um Längen.

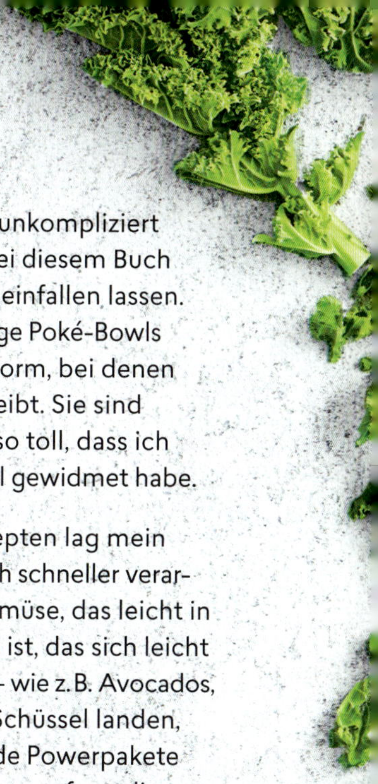

EINFACH GENIESSEN

Der Bauplan für eine rundum sattmachende, gesunde Buddha Bowl ist im Prinzip denkbar einfach: Gut die Hälfte besteht aus frischem Gemüse (oder auch mal Obst), das neben gesunden, langsam verwertbaren Kohlenhydraten noch jede Menge Vitamine, Vital- und Ballaststoffe enthält. Etwa ein Viertel sollten proteinreiche Lebensmittel bilden: Fleisch, Fisch, Eier, Milch oder Sojaprodukte, die auch Vegetarier und Veganer mit lebenswichtigem Eiweiß versorgen. Das andere Viertel, aus möglichst ebenfalls ballaststoffreichen Kohlenhydraten, bildet, meist in Form von Getreide, die gesunde Basis fast aller Bowls (siehe dazu auch S. 8–9). In all diesen, oder auch zusätzlich zu diesen Bestandteilen, sollten in jeder Bowl etwa 10 Prozent gesundes (möglichst ungesättigtes) Fett enthalten sein, das unser Körper ebenso benötigt, um wie geschmiert zu laufen. Eine Zusammenstellung nach diesem simplen Prinzip ist die Grundlage aller Rezepte und entspricht im Wesentlichen den Empfehlungen aktueller Ernährungswissenschaft.

Und was vielleicht erst einmal nach langweiliger Wissenstheorie klingt, wird in den bunt gemischten Rezepten leckere Praxis: Keiner muss sich den Kopf zerbrechen und ewig Nährwerttabellen auswerten: Die Rezepte bringen ganz einfach und super easy alles, was wir täglich brauchen, zusammen in eine Schüssel!

EASY BOWLS

Damit wir möglichst schnell und unkompliziert genießen können, habe ich mir bei diesem Buch weitere, neue Rezepte und Tricks einfallen lassen. Gerade recht kamen mir da trendige Poké-Bowls mit rohem Fisch oder in Veggie-Form, bei denen der Herd (fast) vollständig kalt bleibt. Sie sind extrem variabel und schmecken so toll, dass ich ihnen sogar fast ein ganzes Kapitel gewidmet habe.

Aber auch bei allen anderen Rezepten lag mein Augenmerk auf Produkten, die sich schneller verarbeiten oder zubereiten lassen: Gemüse, das leicht in jedem Supermarkt zu bekommen ist, das sich leicht und auch gut roh verarbeiten lässt – wie z. B. Avocados, die nicht nur superschnell in der Schüssel landen, sondern dazu noch richtig gesunde Powerpakete sind. Es wird weitestgehend nicht so aufwendig geschnibbelt, mariniert und gegart. Viel Rohkost, ratzfatz mit dem Pürierstab zubereitete Soßen und Dressings oder schnellkochende Getreidevarianten (s. S. 38) sind perfekt für easy Buddha Bowls.

Fertigprodukte werden nur in ganz wenigen Ausnahmefällen verwendet; wer will, kann selbstverständlich eine fertige Mayonnaise aus dem Glas benutzen, oder sie aber, genauso gut oder noch besser schmeckend, selbst nach dem angegebenen Grundrezept machen. Auch ich lasse mir gerne „helfen“, wo es geht: z. B. von meinem Pürierstab oder dem Herd, in dem ganz nebenbei etwas gart, während ich etwas anderes zubereite oder mich schon entspannt aufs Essen freue. Das dauert zwar auch seine Zeit, aber ich muss mich dabei nicht abschuften. Zumal es häufig prima Abkürzungstricks gibt, wenn man z. B. gleich zwei Bestandteile einer Bowl gemeinsam auf einem Blech gart oder noch etwas aus dem schnellen Vorrat dazunimmt. So gelingen gesunde Bowls ganz easy!

GESUNDE KOHLENHYDRATE

Auch wenn Low Carb als heißer Diättipp gehandelt wird: No Carb ist ein No-Go! Unser Körper und vor allem unser Gehirn braucht Kohlenhydrate, um richtig funktionieren zu können. Damit die Kohlenhydrate aber nicht ansetzten, sollte man bevorzugt auf langsame Kohlenhydrate (low carbs) setzten: also auf Produkte mit hohem Ballaststoffanteil. Hierbei muss unser Körper länger „arbeiten", um die Kohlenhydrate verwerten zu können. Das Ergebnis: Wir sind länger satt und fallen nicht gleich wieder ins nächste Hungerloch. Anders bei „schnellen Kohlenhydraten", die uns wie z. B. beim Schokoriegel nur einen kurzen Energiekick verleihen.

GEMÜSE & OBST

Liefert je nach Sorte mal mehr, mal weniger Kohlenhydrate, dazu aber immer reichlich Vitamine, Mineral- und sekundäre Pflanzenstoffe, die für Gesundheit und Fitness unverzichtbar sind. Roh oder nur kurz gegart, enthält Gemüse am meisten davon, vor allem, wenn man es voll reif und nicht zu lange gelagert genießt. Neben einer besseren Ökobilanz ein weiterer Grund, Obst und Gemüse saisonal zu wählen! Perfekt und easy sind Sorten, die gut erhältlich, schnell geputzt und geschnitten sind und kurze Garzeiten haben. Ein gute Rohkostreibe oder auch ein Spiralschneider machen schnellen Gemüsegenuss noch einfacher!

FRÜHJAHR

Grüner Spargel, Möhren, Zuckerschoten und Erbsen (eventuell auch tiefgekühlt), Kohlrabi, Radieschen, Frühlingszwiebeln

Super easy:

Zartes Spitzkraut gart wesentlich kürzer als Weißkohl, junger Baby-Spinat ist zarter als Wurzelspinat und kann sogar roh als Salat verwendet werden; rührt man ihn zügig unter eine warme Speise, reicht das fast schon als „Garvorgang" aus.

SOMMER

Paprika, Gurken, Brokkoli, Blumenkohl, Rettich, evtl. grüne Bohnen (tiefgekühlt), Mangold

Super easy:

Gurken und Tomaten schmecken roh perfekt, besonders Kirschtomaten lassen sich wunderbar portionieren. Baby-Mangoldblätter gibt es abgepackt wie Baby-Spinat als Blattsalat; Zucchini sind superschnell geputzt und haben eine kurze Garzeit.

HERBST

Kürbis, (Stauden-)Sellerie, Lauch, Wurzelspinat

Super easy:

Mais gibt es auch mal in der Dose oder tiefgefroren und vorgegart; Pilze sind leicht geputzt und garen superschnell

WINTER

Rote Bete, Süßkartoffel, Kohl (Rot-, Weiß-, Grün- oder Schwarzkohl), Wirsing, Rosenkohl, Pak Choi

Super easy:

Die meisten harten Wurzelgemüse eignen sich prima als knackige Rohkost. Ofengaren eignet sich für die meisten Wintergemüse – geht schnell, ist unkompliziert und gibt viel Aroma!

GETREIDE

Hafer, Weizen, Dinkel, Gerste, (Vollkorn-)Reis, Quinoa und Amaranth (die letzten drei sind zusätzlich glutenfrei)

Ideal:
Das meiste an gesunden Inhalts- und vor allem Ballaststoffen steckt im vollen, unverarbeiteten Korn; daher idealerweise möglichst immer die „Vollkorn"-Variante wählen, also Vollkornreis, anstelle von poliertem Reis oder Parboiled Reis. Der Nachteil beim vollen Korn: Es muss häufig sehr lange gegart werden, und viele Getreidesorten müssen sogar vor dem Garen eingeweicht werden.

Das macht's easier:
Wer trotzdem immer vollwertig genießen möchte, kann Vollwertgetreide in größeren Mengen garen, abkühlen lassen und portionsweise einfrieren. Dann (über Nacht) im Kühlschrank auftauen und bei Bedarf einfach kurz erhitzen. Oder man greift zu bereits vorgegartem Getreide im Kochbeutel, das es inzwischen auch häufig im Bioladen gibt.

Easy:
Bestimmte verarbeitete Getreidesorten lassen sich besonders schnell und ohne vorheriges Einweichen zubereiten: Reis, Quinoa, Amaranth

Super easy:
Speziell verarbeitete Getreide sind zwar nicht vollwertig, dafür aber superschnell und ganz einfach zuzubereiten (siehe auch S. 38): Couscous, Bulgur, Zartweizen (Ebly), „Dinkel wie Reis" im Kochbeutel oder Getreideflocken.

SALATE & KRÄUTER

Frisches Grün ist schmackhaft, gesund und super easy, da es roh und in fast jeder Bowl zusätzlich eingesetzt werden kann. Auch hier gilt natürlich: am besten nach Saison kaufen; die meisten Sorten gibt es aber rund ums Jahr.

Super easy:
Rucola, Pflücksalat, Baby-Spinat, Baby-Mangold, Japanese Greens oder Baby-Leaves werden alle, meist sogar im Supermarkt, im Frischeregal abgepackt angeboten.

Kresse (oder andere Samenzöglinge, die im Kästchen angeboten werden, wie z. B. Radieschen, Brokkoli, Rucola) lässt sich einfach vom Beet schneiden und sofort verwenden.

Sprossen (von z. B. Radieschen, Alfalfa, Soja- oder Mungbohnen, Erbsen) abgepackt, im Frischeregal gekauft, lassen sich im Regelfall ungekocht oder nur kurz blanchiert verwenden und sind in Sachen Vitalstoffe echte Powerpakete.

EIWEISSE & FETTE

Eiweiße (oder Proteine) sind wesentlicher Baustoffe für Muskeln, Knochen, Gefäße und sogar Blut, ohne sie könnten wir nicht existieren. Wir können sie sowohl aus tierischen wie auch pflanzlichen Quellen beziehen. Besonders gut ist eine Kombination sich ergänzender Proteine aus beiden Bereichen:

TIERISCHE EIWEISSQUELLEN

MILCHPRODUKTE

Käse & Frischkäse, Joghurt, Quark – nicht nur aus Kuh-, sondern auch aus Ziegen- oder Schafsmilch – sind sehr gesund und perfekt geeignet sowohl für süße als auch herzhafte Bowls!

Super easy:

Eier sind die absoluten Super-easy-Produkte: In ihnen steckt geballte Energie, und sie lassen sich in unterschiedlichsten Arten schnell zubereiten – Eier sollte man immer im Haus haben.

FLEISCH

Am besten in Bioqualität von Rind, Lamm oder mageres, helles Geflügel – am besten kleine Filetstücke wählen, die sich zügig kurzbraten lassen.

Super easy:

Huhn oder Pute (als Filet) gart schnell und ist besonders fettarm.

FISCH & MEERESFRÜCHTE

Möglichst zertifizierte, nachhaltig gefischte Fische (MSC-Siegel) oder Zuchtfische. Ideal sind fette Fische, die gesunde Omega-Fettsäuren enthalten wie z. B. Makrele oder Lachs.

Super easy:

Roher Fisch, wie man ihn in Japan für Sushi und Sashimi liebt und wie er in Poké zum Megastar wird – hier ganz wichtig: auf beste Qualität und Frische achten, lange Transportzeiten bei hohen Temperaturen vermeiden (bei höheren Temperaturen besser eine Kühltasche mit Akkus mit zum Einkauf nehmen); Garnelen gibt es häufig bereits geputzt und küchenfertig oder sogar gegart zu kaufen.

PFLANZLICHE EIWEISSQUELLEN

Sojaprodukte wie Tofu und Tempeh, aber auch Misopaste enthalten reichlich gut verwertbares Eiweiß. Nicht ganz so eiweißhaltig, aber dazu lecker und voller gesunder Vital- und Ballaststoffe sind Hülsenfrüchte wie Kichererbsen, Linsen, Bohnen – die gibt's bereits vorgekocht aus der Dose.

Super easy:

Wenn's schnell gehen soll, toppt auch einmal ein Stück fertig gewürzter Tofu oder Räuchertofu aus dem Frischeregal eine Bowl: roh, in der Pfanne gebraten oder gegrillt. Auf andere stark verarbeitete Sojafertigprodukte (z. B. Schnitzel, Fleisch oder Würstchen) sollte man dagegen eher verzichten: Sie enthalten oft extrem viel Fett, zu viel Salz, Geschmacksverstärker und andere Zusatzstoffe. Besonders Edamame, grüne, frische Sojabohnen, sind der Renner bei allen Trend- und Gesundheitsbewussten: Sie sind in Asia- und Bioläden entweder in ausgepalter Form oder tiefgefroren (als Schoten) erhältlich.

FETTE

Fett macht in erster Linie nicht dick, sondern sorgt dafür, dass unser Organismus wie geschmiert läuft: Es liefert reichlich Energie, gesunde Fettsäuren und hilft uns, bestimmte Vitamine überhaupt erst verwerten zu können. Speziell Omega-3-Fettsäuren aus bestimmten Saaten, fettem Fisch, Eiern oder Avocado sind beste Medizin und helfen gegen ungesundes Fett in Form von Cholesterin.

Gute Fette

Zwar nicht zum starken Erhitzen geeignet, aber ideal zum Überträufeln, für Marinaden, Dips und Soßen und zum Anmachen von Salaten: alle kaltgepressten Öle wie z. B. Oliven-, Raps- oder Sesamöl; fette Fischsorten wie Lachs, Makrele oder Sardinen sind nicht nur Eiweißlieferanten, sondern enthalten zudem gesunde Omega-Fettsäuren.

Super easy:

Öl in unverarbeiteter Form und Knabbereien: Oliven in Schwarz oder Grün; Nüsse und Saaten: Mandeln, Hasel- oder Walnusskerne, Kürbis- oder Sonnenblumenkerne, Sesam und noch vieles mehr sind ideal zum Bestreuen und Aufpeppen von Bowls und immer zur Hand. Avocados sind die Easy-Früchte schlechthin: Ob als reine Frucht oder zum Dip verarbeitet, bringen sie cremige Konsistenz und liefern gesunde Inhaltsstoffe und jede Menge gesundes Fett – einfach aufschneiden, Kern entfernen und auslöffeln.

EASY BUDDHA-BOWLS
UNKOMPLIZIERT, SIMPEL UND VARIABEL

Allein durch ihre ausgewogene Nährwertzusammenstellung (s. S. 8–11) sind Buddha Bowls genau richtig für alle, die auf gesunde Art und Weise angenehm und lange satt werden wollen. Doch Buddha Bowls befriedigen im besten Fall nicht nur den Körper, sondern auch die Seele: mit verschiedensten Aromen und vielfältigen Texturen, die sich in einer Schüssel zu einem harmonischen Ganzen zusammenfügen. Ein eher neutral schmeckendes Reisbett, darauf knackige Rohkost, Ofengemüse mit feinen Röstaromen, weiche Avocado und eine cremige Soße mit einem Hauch Schärfe durch Pickles oder ein spicy Nuss-Topping, entfaltet erst in der Schüssel gemischt und später auf der Zunge ständig neue, aufregende Geschmackserlebnisse.

Darum sollte sich eine gute Bowl möglichst immer aus einigen verschiedenen Grundkomponenten zusammensetzen: eine mittelgroße Getreidebasis, viel Gemüse in Form von Rohkost, gegartem oder auch mal eingelegtem Gemüse, etwas Fleisch, Fisch oder Veggie-Protein, eine alles verbindende Soße oder Dressing und evtl. noch etwas mit Biss wie Nüsse oder Saaten. Das alles zu- und vorzubereiten, macht natürlich Arbeit …

Um trotzdem einfach und schnellstmöglich genießen zu können, sind alle Rezepte in diesem Buch so aufgebaut, dass die Zubereitung der einzelnen Komponenten so intelligent wie möglich aufeinander aufbaut: Während das Basisgetreide gart und die Gemüsebeilage im Ofen gart, wird flink Rohkost geraspelt und die kalte Soße püriert. Also kaum eine Bowl, bei der man länger arbeitet, als es braucht, die Getreidebasis zu garen – nach rund 30 Minuten steht die fertige Schüssel auf dem Tisch! Und dauert es einmal länger, liegt es wirklich daran, dass etwas ganz alleine und ohne zusätzliche Arbeit im Ofen gart oder mal im Kühlschrank zieht.

Bestimmte komplexere Komponenten wie eine Soße, ein Gemüse oder ein marinierter Poké-Fisch sind innerhalb der Rezeptliste gesondert aufgeführt. So kann man beim Arbeiten alle dazu nötigen Zutaten auf einen Blick erfassen; und was noch besser ist: Man kann einzelne Komponenten weglassen oder sie mit denen aus einem anderen Rezept kombinieren. Perfekt also, wenn es mal zu stressig oder zu knapp wird, ein Gemüse zu kochen, dann nimmt man einfach einen Salat oder etwas geraspelte Rohkost mit einem der Dressings von S. 14 oder S. 96. Alle Bowl-Rezepte sind für eine Menge von 2 Portionen berechnet.

LEGENDE

NACH DIESER ZEIT STEHT DIE BOWL FERTIG AUF DEM TISCH

VEGANER GENUSS AUCH OHNE EI UND MILCH

VEGETARISCHER GENUSS OHNE FISCH UND FLEISCH

HIER ÜBERNIMMT DER OFEN VIEL ARBEIT

DIE TEMPERATURANGABEN BEZIEHEN SICH AUF OBER- UND UNTERHITZE

EASY VINAIGRETTE

ZUTATEN

1 TL Senf

½ TL Honig oder Ahornsirup

Salz – Pfeffer

3 EL Weißweinessig

6 EL Gemüsebrühe

3 EL Olivenöl

SO GEHT'S

1 Senf und Honig oder Ahornsirup mit ½ TL Salz, Pfeffer und 1 EL Essig verrühren, bis sich das Salz aufgelöst hat und die Zutaten gut verbunden sind. Dann den übrigen Essig und die Brühe unterrühren, zuletzt das Öl unterschlagen.

TIPP

Die Vinaigrette passt zu allen Blattsalaten, zu Rohkost, aber auch zu gegartem Gemüse. Sie lässt sich je nach Bowl leicht abwandeln: mit frischen Kräutern, ein paar Spritzern Chilisoße, etwas Orangensaft (anstelle der Brühe), ein paar gehackten Kapern oder Oliven.

EASY SAMT-CREMEDRESSING

ZUTATEN

75 ml Buttermilch

½ Knoblauchzehe

¾ TL Dijon-Senf

120 ml Sonnenblumenöl

1 TL Ahornsirup

Salz – Pfeffer

1 Frühlingszwiebel

2 EL **Mayonnaise** (s. S. 126 oder aus dem Glas)

3 EL gemischte Kräuter (siehe Tipp)

SO GEHT'S

1 Die Buttermilch in ein hohes Mixgefäß geben. Knoblauch schälen, grob hacken und mit dem Senf dazugeben. Alles mit dem Pürierstab fein pürieren. Dann nach und nach das Öl erst tropfenweise, dann in dünnem Strahl hineingießen, dabei weiterpürieren bzw. den Pürierstab von oben nach unten und zurück bewegen, bis das Dressing cremig ist. Mit Ahornsirup, Salz und Pfeffer würzen. Frühlingszwiebel waschen, trocken schütteln, den weißen Teil fein hacken und den Grünen in feine Ringe schneiden. Beides mit der Mayonnaise und den Kräutern untermischen.

TIPP

Auch hier kann man wieder variieren: mediterrane Kräuter wie Basilikum und etwas Thymian, frische Frühlingskräuter wie Petersilie, Schnittlauch, Dill und Kerbel oder ganz fix eine tiefgekühlte Kräutermischung. Für den asiatischen Touch Minze und Koriandergrün verwenden – ein paar Prisen Chili- oder Currypulver bringen zusätzlichen Pep.

WAKE UP, NO HURRY BOWLS

2 PORTIONEN

10 MINUTEN

VEGAN

HAPPY-COCO-BOWL

ZUTATEN

1 große Banane (siehe Tipp)

2 Spritzer Zitronensaft

5 getrocknete (Medjool-)Datteln

400 ml Kokosdrink (siehe Tipp)

120 g Haferflocken (blütenzart)

20 g Kokosflocken

1 ½ EL geschroteter (Gold-) Leinsamen

1 Baby-Ananas

125 g Himbeeren

2 EL Kakao-Nibs

2–3 EL Kokosspäne (nach Belieben)

SO GEHT'S

1 Die Banane schälen, in Stücke schneiden und im Zitronensaft wenden. Datteln halbieren, den Kern entfernen und die Hälften längs in feine Streifen schneiden. Die Hälfte davon mit der Banane, dem Kokosdrink, den Hafer- und Kokosflocken und den Leinsamen in einen Blender oder (Hochleistungs-)Mixer geben und auf höchster Stufe pürieren. Den Kokosbrei auf zwei Schalen verteilen und möglichst 10 Minuten ziehen lassen.

2 Währenddessen Schopf, Strunk und Schale der Baby-Ananas entfernen und das Fruchtfleisch der Länge nach vierteln oder achteln. Himbeeren vorsichtig waschen und trocken tupfen. Beeren und Ananasstücke auf dem Kokosbrei verteilen und mit den übrigen Dattelstreifen, Kakao-Nibs und nach Wunsch Kokosspänen anrichten und servieren.

TIPP

Kokosdrink ist ähnlich wie Mandeldrink, dünner als eine Kokosmilch in Dosen und weniger fetthaltig. Wer es üppiger mag, gönnt sich aber ruhig die Kokosmilch – am besten die etwas dünnflüssigere aus dem Tetrapack. Wer möchte, schält und schneidet die Banane am Abend zuvor in Scheiben und friert diese in einer Gefrierbox ein. Mit den übrigen Zutaten mitpüriert, gibt die gefrorene Banane dem Brei mehr Konsistenz, und man muss ihn nicht extra ziehen lassen.

2 PORTIONEN

15 MINUTEN

VEGAN

VERY-BERRY-AÇAÌ-BOWL

ZUTATEN

40 g Pekannusskerne

2 EL Pistazienkerne

125 g frische gemischte Beeren (Himbeeren, Heidelbeeren, Brombeeren; ersatzweise aufgetaute Tiefkühlfrüchte)

100 g tiefgefrorenes Açaì-Püree (siehe Tipp)

1 Orange

2 kleine Bananen

100 g tiefgefrorene gemischte Beeren

Mark von ½ Vanilleschote

2 EL Chiasamen oder (Gold-)Leinsamen

2 EL Blütenpollen

SO GEHT'S

1 Die Pekannüsse und Pistazien in einer Pfanne ohne Fett rösten, bis sie leicht gebräunt aussehen und duften. Dann aus der Pfanne nehmen, abkühlen lassen und grob hacken. Währenddessen die Beeren vorsichtig waschen und mit Küchenpapier trocken tupfen.

2 Das gefrorene Açaì-Püree in grobe Stücke brechen, die Orange halbieren und den Saft auspressen. Die Bananen schälen und in Stücke schneiden. Açaì-Püree, Orangensaft, Bananen, tiefgefrorene Beeren und Vanillemark in den (Hochleistungs-)Mixer geben und cremig pürieren.

3 Das Açaì-Püree auf Schalen verteilen und die Beeren daraufgeben. Pekannussstücke, Pistazien, Chia- oder Leinsamen und Blütenpollen vermischen und daraufstreuen.

TIPP

Açaì-Beeren stammen ursprünglich aus Brasilien und gelten als echtes Beauty- und Superfood. Sie enthalten reichlich gesunde Antioxidantien, wenig Fruchtzucker (also Low-Carb-tauglich) und machen lange satt. Da die Beeren zu fast 90 % aus einem dicken Kern bestehen, werden sie noch vor Ort verarbeitet und sind bei uns nur in konzentrierter Form als tiefgefrorenes Püree oder getrocknetes Fruchtpulver im Bioladen oder Reformhaus erhältlich.

2 PORTIONEN

10 MINUTEN

VEGAN

GREEN-GODDESS-SMOOTHIE-BOWL

ZUTATEN

100 g zarte Grünkohlblätter (siehe Tipp)

1 Grapefruit

1 kleine Banane

1 kleine Avocado

4 getrocknete (Medjool-)Datteln

2 ½ EL Erdnussmus

300 ml Mandeldrink

1 Kiwi

100 g Heidelbeeren

5 EL **Everyday-Granola** (s. S. 26; ersatzweise Fertigmüsli, nach Belieben)

SO GEHT'S

1 Den Grünkohl waschen und grob zerschneiden, dann die Grapefruit halbieren und den Saft auspressen. Die Banane schälen und in Stücke schneiden, die Avocado halbieren, den Kern entfernen und das Fruchtfleisch aus der Schale löffeln. Datteln halbieren, entsteinen und grob zerschneiden.

2 Das klein geschnittene Obst und Gemüse mit Grapefruitsaft, Erdnussmus und Mandeldrink in einen (Hochleistungs-)Mixer geben und fein pürieren, dann auf Schalen verteilen.

3 Die Kiwi schälen und in dünne Scheiben schneiden, die Heidelbeeren waschen und gründlich trocken tupfen. Beides mit der Granolamischung auf der Smoothie-Creme anrichten.

TIPP

Die inneren weichen Grünkohlblätter sind ideal für die Smoothie-Creme. Wer nur dicke, große Blätter bekommt, kauft ein wenig mehr und zupft 100 g zarte Blätter von den strunkigen Stielen.

2 PORTIONEN

10 MINUTEN

VEGAN

BLACK-FORREST-CHOCOLATE-BOWL

ZUTATEN

1 kleine Zucchini

2 reife Avocados

50 g Zartbitterschokolade (mind. 70 % Kakaogehalt)

2 TL Kakaopulver

2-3 EL Ahornsirup

500 ml Mandeldrink

6 Eiswürfel

100 g Sauerkirschen

40 g Pekannusskerne

20 g Kokosspäne

2 EL Kakao-Nibs

3 EL **Everyday-Granola** (s. S. 26; ersatzweise Fertigmüsli; nach Belieben)

SO GEHT'S

1 Die Zucchini waschen, putzen und in grobe Stücke schneiden. Avocados längs halbieren, entkernen und das Fruchtfleisch aus der Schale löffeln. Die Schokolade in kleine Stückchen brechen und alles mit dem Kakaopulver, Ahornsirup, der Mandeldrink und den Eiswürfeln im (Hochleistungs-)Mixer fein pürieren.

2 Die Kirschen waschen, halbieren und die Steine herausschneiden. Die Pekannüsse grob hacken und mit den Kokosspänen, Kakao-Nibs, Kirschen und nach Wunsch Granola auf der Avocado-Schokocreme verteilen.

TIPP

Je nach Saison lassen sich bei dieser Bowl natürlich auch die Toppins verändern: Frische Beeren im Sommer, reife Birnen oder Kaki im Herbst und Bananen im Winter passen ebenfalls hervorragend. Und wer es ganz easy mag, nimmt tiefgekühlte Kirschen oder Beeren.

EVERDAY-GRANOLA

ZUTATEN

FÜR SÜSSE BOWLS

100 g Mandeln

200 g Getreideflocken (z. B. Mehrkorn-, Dinkel- oder Haferflocken)

je 40 g Sonnenblumenkerne, Sesam- und Leinsamen

30 g Kokosraspel

4 EL Honig oder Ahornsirup

¼ TL Zimtpulver

je 2 Msp. gemahlener Ingwer und Kardamom

3 EL Sonnenblumenöl

50 g getrocknete Aprikosen

SO GEHT'S

1 Den Backofen auf 180 °C vorheizen und ein Blech mit Backpapier auslegen. Inzwischen die Mandeln mit einem großen Messer in eher grobe Stücke schneiden (halbieren oder dritteln).

2 Die Mandeln, Getreideflocken, Saaten, Kokosraspel und Gewürze in einer Schüssel mischen. Honig oder Ahornsirup und Öl darübergießen und mit einem Löffel oder den Händen alles gut verrühren, bis alles gut überzogen und eine klebrige Masse entstanden ist.

3 Das Ganze auf ein mit Backpapier ausgelegtes Blech geben und mit einem Löffel über die ganze Blechbreite flach verteilen. Im heißen Ofen (Mitte, Umluft 160 °C) 20–25 Minuten backen, bis alles schön dunkel gebräunt ist und gut duftet. Dabei eventuell ein- bis zweimal durchrühren.

4 Das Blech herausnehmen. Granola auf dem Blech abkühlen lassen. Wer keine so großen Stücke mag, rührt es während des Abkühlens noch einmal durch. Inzwischen die Aprikosen in kleine Stückchen oder Würfel schneiden, unter das abgekühlte Granola mischen. Alles in ein verschließbares Glas füllen.

HOT CRUNCH

ZUTATEN

FÜR HERZHAFTE BOWLS

1 EL Rapsöl
1 EL Honig
1 ⅓ TL Zucker
1 EL Zitronensaft
1 TL gemahlener Kreuzkümmel
½ TL gemahlener Koriander
3 Msp. Chilipulver
Salz – schwarzer Pfeffer
75 g Mandeln
75 g Haselnusskerne
50 g Kürbiskerne
50 g Sonnenblumenkerne

SO GEHT'S

1. Den Backofen auf 160 °C vorheizen (Umluft nicht empfehlenswert). Öl, Honig, 1 TL Zucker und Zitronensaft verrühren. Die Gewürze separat mit etwas Salz und reichlich Pfeffer mischen, dann 1 ½ TL davon unter die Ölmischung rühren.

2. Mandeln und Haselnusskerne grob hacken, dann mit Kürbis- und Sonnenblumenkernen gründlich im Gewürzöl wenden. Die Mischung auf einem mit Backpapier ausgelegten Blech verteilen. Etwas Gewürzmischung darüberstreuen und leicht salzen.

3. Die Nuss-Saaten-Mischung 12–15 Minuten im heißen Ofen (Mitte) braun rösten, dabei nach ca. 6 Minuten einmal durchrühren und mit etwas Gewürzmischung und übrigem Zucker bestreuen, dann weiterrösten.

4. Gegen Garzeitende gut im Auge behalten, damit Gewürze und Nüsse nicht verbrennen und schwarz werden. Herausnehmen, auf dem Blech auskühlen lassen und in eine luftdicht verschließbare Dose füllen.

2 PORTIONEN

25 MINUTEN

ORANGEN-COUSCOUS-BOWL

ZUTATEN

4 Bio-Orangen

200 g griechischer Joghurt (10 % Fettgehalt)

3 EL Honig

¾ TL gemahlener Zimt

125 g Instant-Couscous

1 EL Butter

1 EL Orangenblütenwasser (nach Belieben)

25 g Mandeln

25 g Pistazienkerne

2 EL Rosinen

½ Granatapfel

SO GEHT'S

1 Von 2 Orangen die Schale samt weißer Haut mit einem scharfen Messer entfernen. Anschließend die Fruchtfilets zwischen den Trennhäuten herausschneiden, dabei den Saft auffangen. 1 Orange heiß waschen und die Schale fein abreiben, dann beide Orangen halbieren und den Saft auspressen. 2–3 EL Saft mit dem Joghurt glatt verrühren. Den übrigen Saft zusammen mit dem aufgefangenen durch ein feines Sieb gießen und, falls nötig, mit Wasser auf 125 ml auffüllen.

2 Den Orangensaft in einem Topf mit ½ EL Honig, ¼ TL Zimt und der Orangenschale verrühren und zum Kochen bringen. Couscous hineingeben, dabei die Hitze sofort auf die kleinste Stufe reduzieren und den Couscous zugedeckt 10 Minuten quellen lassen. Dann Butter und nach Wunsch Orangenblütenwasser unterrühren und weitere 5 Minuten bei ausgeschaltetem Herd zugedeckt quellen lassen.

3 Inzwischen nacheinander erst die Mandeln, dann die Pistazien in einer Pfanne ohne Fett rösten, bis sie duften, danach herausnehmen, abkühlen lassen und grob hacken. Rosinen nach Belieben ebenfalls grob hacken. Granatapfelkerne aus den Trennwänden und der Schale herauslösen.

4 Den Couscous auf Schalen anrichten und mit übrigem Zimt bestreuen. Joghurt, Orangenfilets und Granatapfel darauf verteilen und mit Rosinen, Mandeln und Pistazienkernen verzieren. Mit übrigem Honig beträufeln und möglichst warm genießen.

2 PORTIONEN

30 MINUTEN

VEGAN

LILA-WUNDER-BOWL

ZUTATEN

FÜR DAS APFELKOMPOTT

1 Apfel (z. B. Boskop)

1–2 EL Zitronensaft

1 Bio-Orange

1 Rote Bete (ca. 90 g)

120 g TK-Heidelbeeren

1 EL Zucker (oder Ahornsirup)

½ Stange Zimt

FÜR DAS PORRIDGE

250 ml Mandeldrink (siehe Tipp)

80 g zarte Haferflocken

Salz

AUSSERDEM

2 EL Haselnussblättchen

125 g Brombeeren

SO GEHT'S

1 Den Apfel schälen, vierteln, das Kerngehäuse entfernen und die Viertel klein würfeln. Mit 1 EL Zitronensaft mischen und in einen Topf geben. Orange auspressen, den Saft dazugeben und alles zum Kochen bringen. Inzwischen die Rote Bete schälen und auf der Rohkostreibe fein raspeln (dazu Gummihandschuhe tragen, sie färbt stark ab). Rote Bete mit den gefrorenen Beeren, Zucker (oder Honig bzw. Ahornsirup) und der Zimtstange in den Topf geben und zugedeckt bei kleiner Hitze 20-25 Minuten weich garen, nach Wunsch mit Zitronensaft pürieren (dazu die Zimtstange vorher entfernen).

2 Währenddessen Mandeldrink mit 200–250 ml Wasser (je nachdem, wie flüssig man das Porridge mag) in einen Topf geben und zum Kochen bringen. Haferflocken einrühren, eine Prise Salz hinzufügen und bei kleiner Hitze zugedeckt ca. 10 Minuten leicht köcheln lassen, dabei ab und zu umrühren, damit nichts am Topfboden ansetzen kann.

3 Inzwischen Haselnussblättchen in einer Pfanne ohne Fett rösten, bis sie leicht duften, herausnehmen und abkühlen lassen. Die Brombeeren vorsichtig waschen und trocken tupfen. Das fertige Porridge auf Schüsseln verteilen und das Apfel-Bete-Kompott daraufgeben (eventuell Zimt vorher entfernen). Brombeeren und Haselnussblättchen darauf verteilen.

TIPP

Wer möchte, kann statt Mandeldrink natürlich auch normale Milch oder andere Nuss- oder Kokosmilch verwenden. Und wer keinen Porridge kochen will, lässt die Haferflocken über Nacht mit 350 ml Mandeldrink in einem Schraubglas quellen und genießt am nächsten Tag kühle Overnight-Oats mit warmem Kompott.

2 PORTIONEN

20 MINUTEN

VEGETARISCH

MAHARANI-REIS-BOWL

ZUTATEN

FÜR DEN REISBREI

450 ml Milch

2 Msp. Safranpulver

⅓ TL gemahlener Kardamom

100 g Reisflocken

1 ½ EL Rosinen

FÜR DAS BANANEN-NUSS-TOPPING

2 Bananen

2 EL Zitronensaft

2 EL Butterschmalz oder Ghee

½ Zimtstange

3 EL Cashewnusskerne

3 EL Mandelblättchen

1 EL Honig

AUSSERDEM

2 EL Joghurt

SO GEHT'S

1 Milch, Safran und Kardamom in einen Topf geben und zum Kochen bringen. Reisflocken einrühren und einmal aufkochen lassen. Die Rosinen zugeben und zugedeckt ca. 10 Minuten leicht köcheln lassen, dabei ab und an umrühren.

2 Inzwischen die Bananen schälen, einmal quer, dann längs halbieren und in 1 EL Zitronensaft wenden. Butterschmalz in einem kleinen beschichteten Pfännchen erhitzen, darin Zimtstange, Cashewnüsse und Mandelblättchen unter Rühren bei kleiner bis mittlerer Hitze langsam rösten, bis die Nüsse schön gebräunt sind.

3 Die Nussmischung mit einem Löffel aus der Pfanne heben, dabei gut abtropfen lassen. Die Pfanne mit dem Bratfett neu erhitzen und darin die Bananenstücke beidseitig bei mittlerer Hitze jeweils 1–2 Minuten braten. Dann mit Honig und übrigem Zitronensaft beträufeln und darin wenden, weitere 1–2 Minuten braten, bis sie schön mit dem Honig überzogen sind.

4 Den Reisbrei auf Schalen verteilen und je 1 EL Joghurt darauf geben, Bananen daneben verteilen und die Nussmischung darübergeben. Alles mit dem Honigsud aus der Pfanne beträufeln.

2 PORTIONEN*

15 MINUTEN

VEGETARISCH

HERZHAFTE PORRIDGE-BOWL

ZUTATEN

FÜR DAS PORRIDGE

350 ml Gemüsebrühe

80 g zarte Hafer- oder Dinkelflocken

AUSSERDEM

100 g Baby-Mangoldblätter (ersatzweise Baby-Spinat)

4 Radieschen

50 g Alfalfasprossen

150 g körniger Frischkäse

2 EL TK-Italienische Kräuter (Fertigmischung)

Salz – Pfeffer

Chilipulver

4 EL **Hot Crunch** (s. S. 27, nach Belieben)

SO GEHT'S

1 Die Brühe in einen Topf geben und zum Kochen bringen. Sobald sie kocht, die Getreideflocken einrühren, noch einmal unter Rühren aufkochen lassen, dann die Hitze reduzieren. Bei kleiner Hitze zugedeckt 10 Minuten leicht köcheln lassen, dabei ab und zu umrühren, damit das Porridge nicht am Topfboden ansetzt.

2 Inzwischen die Mangoldblättchen gründlich waschen, verlesen und gut trocken schütteln (oder in der Salatschleuder trocken schleudern). Die Radieschen waschen, putzen und in feine Scheiben schneiden. Die Sprossen in ein feines Sieb geben, kalt abbrausen und gut abtropfen lassen. Den Frischkäse mit den gefrorenen Kräutern mischen und pikant mit Salz, Pfeffer und Chilipulver würzen.

3 Den Mangold unter das heiße Porridge rühren und im Topf erhitzen, bis er leicht zusammengefallen ist. Den Porridge auf Schalen verteilen und Radieschen, Frischkäse und Sprossen daraufgeben. Nach Wunsch noch mit Hot Crunch bestreuen.

2 PORTIONEN
45 MINUTEN

BLITZ-CONGEE-BOWL

ZUTATEN

120 g Basmatireis

800 ml Hühnerbrühe (oder Fond aus dem Glas)

125 g kleine Champignons

125 Shiitake

125 g Baby-Spinat

2 Frühlingszwiebeln

2 Eier (Größe M)

3 EL Öl zum Braten

Salz – Pfeffer

2 EL geröstete, gesalzene Sojabohnen (Fertigprodukt aus dem Bioladen)

Chilisoße (z. B. Sriracha, nach Belieben)

SO GEHT'S

1 Den Reis mit Brühe und 200 ml Wasser in einen Topf geben und langsam zum Kochen bringen. Sobald alles kocht, die Hitze reduzieren und bei kleiner bis mittlerer Hitze 30–45 Minuten garen lassen. Dabei ab und zu kräftig umrühren.

2 Inzwischen die Pilze putzen, von den Shiitake die Stiele wegschneiden. Champignons vierteln, die Shiitake-Kappen längs in ca. 5 mm dicke Streifen schneiden.Den Spinat waschen und in einem Sieb leicht abtropfen lassen. Frühlingszwiebeln waschen und trocken schütteln, dabei den grünen und weißen Teil getrennt in feine Ringe schneiden. Die Eier etwa 8 Minuten in Wasser kochen, kalt abschrecken und anschließend noch warm pellen.

3 In einer beschichteten Pfanne 1 EL Öl erhitzen und darin die weißen Zwiebelringe andünsten. Den Spinat nass hineingeben, salzen und unter Rühren zusammenfallen lassen. Alles in ein Sieb geben und abtropfen lassen. Die Pfanne mit Küchenpapier auswischen. Übriges Öl hineingeben und die Pilze darin bei großer Hitze unter Rühren in 3–4 Minuten leicht braun braten, salzen und pfeffern.

4 Den Reisbrei gründlich durchrühren und auf Schalen verteilen, den Spinat leicht ausdrücken und daraufgeben, die Pilze ebenfalls. Eier halbieren und obenauf legen, alles mit Zwiebelgrün und Sojabohnen bestreuen – wer Schärfe schon morgens verträgt, gibt noch Chilisoße darauf.

TIPP

Congee ist in Asien ein beliebtes Frühstück. Dort wird der Reis über Nacht eingeweicht und dann mehrere Stunden gekocht, bis er völlig weich und zerfallen ist. Als neutrale Grundlage ist Congee schon früh morgens gut verträglich, wird aber auch häufig mit deftigen Toppings versehen.

BUCHWEIZEN – WEISSE QUINOA – HIRSE – REIS

ZUTATEN

125 g der jeweiligen Getreidesorte

Salz

SO GEHT'S

1 125 g der jeweiligen Getreidesorte mit 250 ml leicht gesalzenem Wasser (ein 1 : 2-Verhältnis Getreide zu Wasser) aufkochen, 1 Minute sprudelnd kochen lassen, dann auf kleiner Stufe zugedeckt 15–20 Minuten garen. Anschließend auf ausgeschalteter warmer Herdplatte weitere 10 Minuten ausquellen lassen.

TIPP

Quinoa sollte man generell vor dem Garen in einem feinem Sieb gründlich mit heißem Wasser durchspülen, um so die Bitterstoffe abzuwaschen, wobei weiße Quinoa wesentlich weniger davon enthält. Rote und schwarze Quinoa braucht etwas mehr Wasser als weiße (2 ½-fache Menge statt 2-fache: für 125 g also 380 ml).

Super easy:
Neu im Handel ist Basmatini-Reis: nur etwa halb so große Körner der beliebten Reissorte, die in 8–10 Minuten fertig garen!

NATURREIS

SO GEHT'S

1 Den Reis mehrmals gründlich unter kaltem Wasser abspülen und 10–30 Minuten in kaltem Wasser einweichen lassen. In ein Sieb abgießen, nochmals spülen und abtropfen lassen. 220 ml Wasser aufkochen, leicht salzen und 100 g Vollkornreis hineingeben. 2 Minuten sprudelnd kochen lassen, dann zugedeckt bei kleiner Hitze 30–40 Minuten garen. Anschließend auf ausgeschalteter warmer Herdplatte weitere 10 Minuten ausquellen lassen.

QUINOA-MIX

ZUTATEN

45 g rote Quinoa

60 g Hirse

20 g Buchweizen

SO GEHT'S

1 Die Quinoa in ein Sieb geben und gründlich unter heißem Wasser abbrausen, um die Bitterstoffe herauszuwaschen. In einem Topf 280 ml Wasser aufkochen und leicht salzen. Die Quinoa, die Hirse und den Buchweizen zugeben und 1 Minute sprudelnd kochen lassen. Dann zugedeckt bei kleiner Hitze 15–20 Minuten garen und 10–15 Minuten auf ausgeschalteter warmer Herdplatte ausquellen lassen.

COUSCOUS

ZUTATEN

120 g Instant-Couscous

¼ TL Salz

1 EL Olivenöl oder 1 TL Butter

SO GEHT'S

1 Den Instant-Couscous mit dem Salz in einen Topf geben. Im Wasserkocher 125 ml kochend heißes Wasser erhitzen und dieses daraufgießen. Auf kleinster Garstufe 5–10 Minuten quellen lassen. Dann 1 EL Olivenöl oder 1 TL Butter mit einer Gabel unterrühren und dabei den Couscous leicht auflockern. Zugedeckt auf der ausgeschalteten, noch warmen Herdplatte weitere 10 Minuten ausquellen lassen.

BULGUR

ZUTATEN

100 g Bulgur

150 ml Gemüsebrühe (nach Belieben)

Salz

SO GEHT'S

1 Den Bulgur mit 150 ml Wasser oder Gemüsebrühe in einen Topf geben. Aufkochen, Wasser salzen, 1–2 Minuten kochen lassen und anschließend 20–25 Minuten bei kleiner Hitze zugedeckt garen.

TIPP

Edamame sind unreife, grüne Sojabohnen, die man im Bio- oder Asienladen erhält. Dort gibt es sie meist in zwei Varianten: in den Schoten (die man eventuell entfernen kann) oder bereits ausgepalt.

2 PORTIONEN

30 MINUTEN

VEGAN

NO-BACON-NO-EGG-BOWL

ZUTATEN

FÜR EDAMAME & KOKOS-BACON:

3 EL Sojasoße

½ EL Bratöl

1 ½ EL Ahornsirup

250 g aufgetaute, ausgelöste TK-Edamame (siehe Tipp)

Salz – Pfeffer

1 EL Limettensaft

⅓ TL Pimentón de la vera (s. S. 101)

½ TL edelsüßes Paprikapulver

70 g Kokoschips

FÜR DEN SCRAMBLED TOFU

200 g Tofu

2 Frühlingszwiebeln

2–3 EL Olivenöl

½ TL Currypulver

Salz – Pfeffer

1 EL Sojasoße

5 EL Gemüsebrühe

AUSSERDEM

125 g Quinoa (s. S. 38)

150 g Kirschtomaten

6 Romanasalat-Blätter

SO GEHT'S

1 Quinoa, wie auf S. 38 beschrieben, zubereiten. Währenddessen den Backofen auf 200 °C vorheizen, ein Blech mit Backpapier auslegen. Die Hälfte der Sojasoße mit Bratöl und ½ EL Ahornsirup verrühren. Edamame hineingeben, darin wenden und auf einer Seite des Blech verteilen, salzen und pfeffern. Im heißen Ofen (Mitte) 15 Minuten garen, dabei einmal wenden.

2 Inzwischen die übrige Sojasoße und Ahornsirup mit Limettensaft, Pimentón de la vera, Paprikapulver, Salz und Pfeffer mischen und die Kokoschips gründlich darin wenden. Das Blech mit den Edamame kurz herausnehmen und die Kokochips auf der freien Seite des Blechs verteilen. Wieder in den Ofen schieben und weitere 8-10 Minuten backen, dabei 1-2 mal durchrühren.

3 Inzwischen die Tomaten waschen und halbieren, leicht salzen und pfeffern. Salatblätter waschen, trocken schütteln, übereinanderlegen und quer in Streifen schneiden.

4 Den Tofu gut mit Küchenpapier trocken tupfen, dann mit einer Gabel in Stücke zerbröckeln. Frühlingszwiebeln waschen, trocken schütteln und den weißen und grünen Teil getrennt in dünne Ringe schneiden. Öl in einer beschichteten Pfanne erhitzen, darin die weißen Zwiebelringe goldgelb andünsten. Tofu zugeben, mit Currypulver, Salz und Pfeffer würzen und 2 Minuten unter Rühren braten. Sojasoße und Brühe zugeben und weitere 5 Minuten bei mittlerer Hitze unter gelegentlichem Rühren weiterbraten, bis die Flüssigkeit verkocht ist.

5 Quinoa auf Schalen verteilen, darauf die Edamame, Tomaten, Salat und den Scrambled Tofu verteilen. Kokos-Bacon darüber verteilen und alles mit den grünen Zwiebelringen bestreuen.

TIPP

Wer kein Freund von deftigen Frühstücken à la Baked Beans mit Bacon ist, kann die Bowl natürlich auch mittags oder abends genießen. Anstelle der Chili-con-Carne-Gewürzmischung kann man auch eine Taco-Gewürzmischung nehmen – die gibt es, oft praktisch in kleinen Tüten abgepackt, in der Spezialitätenabteilung des Supermarktes gleich neben Tortilla und Co.

2 PORTIONEN

25 MINUTEN

VEGETARISCH

BREAKFAST-BURRITO-BOWL

ZUTATEN

FÜR DAS BOHNEN-MAIS-GEMÜSE

1 Dose Kidney-Bohnen (400 g Füllgewicht)

1 Dose Mais (ca. 150 g Füllgewicht)

1 Zwiebel

1 Knoblauchzehe

2 EL Olivenöl

1 TL Tomatenmark

1 TL Chili-con-Carne-Gewürzmischung (siehe Tipp)

Salz – Pfeffer

AUSSERDEM

1 Weizen-Tortillafladen (Fertigprodukt)

250 g Kirschtomaten

1 reife Avocado

1 Limette

½ Bund Koriandergrün

3 Eier

3 EL Milch

1 EL Butter

SO GEHT'S

1 Die Bohnen in ein Sieb abgießen, dabei das Einweichwasser auffangen und kalt abbrausen. Mais ebenfalls in ein Sieb abgießen, kalt abbrausen. Zwiebel und Knoblauch schälen und fein würfeln. In einer beschichteten Pfanne das Öl erhitzen, darin Zwiebel und Knoblauch goldgelb anbraten, Tomatenmark unterrühren und kurz mitrösten.

2 Die Bohnen, den Mais und knapp die Hälfte des Bohneneinweichwassers unterrühren. Mit der Chili-Gewürzmischung, Salz und Pfeffer würzen. Offen unter gelegentlichem Rühren 5–10 Minuten leicht köcheln lassen, bis die Flüssigkeit verkocht ist, eventuell zugedeckt warm halten. Währenddessen den Backofen auf 180 °C erhitzen. Tortillafladen achteln und die Stücke im heißen Ofen auf dem Backrost in 6–8 Minuten braun rösten.

3 Inzwischen Tomaten waschen und halbieren, von der Avocado Kern und Schale entfernen, das Fruchtfleisch längs in Spalten schneiden. Limette halbieren, von einer Hälfte den Saft auspressen, die andere Hälfte halbieren. Die Avocadospalten mit 1 TL Limettensaft beträufeln, damit sie nicht braun werden. Koriandergrün waschen, trocken schütteln, Blättchen abzupfen und grob hacken.

4 Die Eier leicht mit der Milch verquirlen (nicht schaumig rühren) und mit Salz und Pfeffer würzen. In einer kleinen beschichteten Pfanne die Butter schmelzen lassen, Eier hineingeben und bei mittlerer Hitze stocken lassen, dabei immer wieder von links nach rechts und von oben nach unten zusammenschieben. Am Ende zu Rührei verrühren und je nach persönlicher Vorliebe mehr oder weniger stark anbraten.

5 Bohnen-Mais-Mischung auf Schalen verteilen, Tomaten und Avocado darauf anrichten, leicht salzen und pfeffern. Daneben das Rührei anrichten und Tortillaecken einstecken. Mit Koriandergrün bestreuen. Limettenhälften zum Beträufeln dazu servieren.

HOT BOWLS – VEGAN & VEGGIE

2 PORTIONEN

30 MINUTEN

VEGETARISCH

OFEN

KNUSPER-KICHERERBSEN-BOWL

ZUTATEN

FÜR KICHERERBSEN & SÜSSKARTOFFEL

1 Dose Kichererbsen (ca. 240 g Abtropfgewicht)

1 Süßkartoffel (ca. 350 g)

2 Knoblauchzehen

3 EL Olivenöl

2 TL gemahlener Kreuzkümmel

3 Msp. Chilipulver

Salz – Pfeffer

AUSSERDEM

125 g Bulgur (s. S. 39)

1 Orange

2 EL Joghurt (3,5 % Fettgehalt)

1 ½ EL Tahin

3 EL Zitronensaft

1 Handvoll Rucola

2 Tomaten

1 Mini-Gurke

SO GEHT'S

1 Den Bulgur, wie auf S. 39 beschrieben, zubereiten. Gleichzeitig den Backofen auf 200 °C vorheizen und ein Blech mit Backpapier auslegen. Kichererbsen in ein Sieb abgießen, kalt abspülen und abtropfen lassen. Süßkartoffel mit dem Sparschäler schälen, putzen und in knapp 1 cm dicke Scheiben schneiden. Knoblauch schälen, 1 Zehe in ein Schälchen pressen und mit Öl, 1 ½ EL Kreuzkümmel und 3 Msp. Chilipulver verrühren. Kichererbsen und Süßkartoffeln damit vermischen, salzen und pfeffern. Die Kartoffelscheiben aus den Kichererbsen fischen und auf dem Blech verteilen, die Kichererbsen daneben flach auslegen. Im heißen Ofen (Mitte) 20–25 Minuten garen, dabei die Kichererbsen einmal durchrühren und die Kartoffelscheiben wenden.

2 Inzwischen von der Orange die Schale samt weißer Haut mit einem scharfen Messer wegschneiden. Die Orange quer in 1 cm breite Scheiben schneiden, diese in Stücke schneiden, dabei den Saft auffangen. Die übrige Knoblauchzehe in ein Schälchen pressen und mit Joghurt, Tahin, Zitronensaft, Orangensaft und 5–6 EL Wasser zu einer flüssigen Soße verrühren, mit übrigem Kreuzkümmel, Salz und Pfeffer würzen.

3 Rucola waschen und trocken schleudern, eventuell grobe Stiele wegschneiden und Blätter kleiner zupfen. Tomaten halbieren, Stielansatz und Kerne entfernen, das Fruchtfleisch würfeln. Gurke waschen und in Scheiben schneiden oder in Streifen hoblen.

4 Kichererbsen und Süßkartoffeln aus dem Ofen nehmen. Bulgur auf Schalen verteilen, darauf die übrigen Zutaten anordnen und mit der Soße servieren.

2 PORTIONEN

30 MINUTEN

VEGETARISCH

OFEN

ERNTE-DANK-BOWL

ZUTATEN

FÜR DEN OFENKÜRBIS

½ Hokkaido-Kürbis (400 g)

1 Knoblauchzehe

2 EL Olivenöl

5 Zweige Thymian

Salz – Pfeffer

AUSSERDEM

100 g Beluga-Linsen (ersatzweise Puy-Linsen)

3 EL Kürbiskerne

1 TL Dijon-Senf

3 TL Honig

2-3 EL Weißweinessig

2 EL Olivenöl

50 g rote und grüne Trauben

1 kleine Birne

60 g Baby-Spinat

150 g dünne Ziegenkäserolle

SO GEHT'S

1. In einem Topf ca. 400 ml Wasser aufkochen. Linsen zugeben und sie bei mittlerer Hitze zugedeckt ca. 20–25 Minuten garen. Sie sollten am Ende noch Biss haben und nicht zerfallen.

2. Gleichzeitig den Backofen auf 220 °C vorheizen. Den Kürbis waschen, Kerne und Fasern herauskratzen, dann den Kürbis längs in ca. 1 cm breite Spalten schneiden. Knoblauch schälen und zum Öl pressen. Thymian waschen, trocken schütteln, Blättchen abzupfen und fein hacken. Etwas mehr als die Hälfte davon mit dem Knoblauchöl und dem Kürbis in eine ofenfeste Form geben. Gut durchmischen, bis der Kürbis gleichmäßig mit Öl überzogen ist, und salzen und pfeffern. Im heißen Ofen (Mitte) in 15–20 Minuten garen, dabei einmal zwischendurch durchrühren.

3. Inzwischen die Kürbiskerne in einer Pfanne ohne Fett rösten, bis sie bräunen und duften, dann abkühlen lassen. Senf, 1 TL Honig, Essig und 2 EL Öl verrühren und mit Salz und Pfeffer würzen. Trauben waschen, von den Stielen zupfen und halbieren, nach Wunsch Kerne entfernen. Die Birne waschen, längs vierteln, das Kerngehäuse entfernen und die Viertel in schmale Spalten schneiden. Spinat waschen, verlesen und trocken schleudern.

4. Den Ziegenkäse in ca. 1 cm dicke Scheiben schneiden und auf ein mit Backpapier ausgelegtes Blech setzen. Den übrigen Honig und Thymian darauf verteilen und mit Pfeffer übermahlen. Den fertigen Kürbis aus dem Ofen nehmen und den Grill zuschalten. Den Käse dann im heißen Ofen (oben) 3–5 Minuten grillen, bis er schön gebräunt ist.

5. Währenddessen die Linsen in ein Sieb abgießen, kurz abtropfen lassen und sofort mit dem Dressing mischen. Spinat, Birne, Trauben und warme Kürbisspalten darauf anrichten und den Ziegenkäse darauflegen. Alles mit Kürbiskernen bestreuen.

2 PORTIONEN

25 MINUTEN

VEGETARISCH

KAHVALTI-BOWL

ZUTATEN

FÜR DAS DRESSING

2 Stiele Minze

200 g griechischer Joghurt (10 % Fettgehalt)

⅓ TL getrockneter Oregano

½–¾ TL Pul biber

Salz – Pfeffer

AUSSERDEM

125 g Quinoa-Mix (s. S. 39)

100 g Schafskäse (z. B. Feta)

125 g Kirschtomaten

1 Bio-Mini-Gurke

5 Radieschen

125 g Baby-Spinat

1 Knoblauchzehe

1 EL Olivenöl

SO GEHT'S

1 Den Quinoa-Mix, wie auf Seite 39 beschrieben, zubereiten. Währenddessen den Schafskäse trocken tupfen und mit einer Gabel grob zerdrücken. Die Tomaten waschen, vierteln und dabei den Stielansatz wegschneiden. Die Gurke waschen, nach Wunsch von der Schale mit einem Sparschäler jeweils längs einen Streifen abziehen und einen stehen lassen, sodass ein Streifenmuster entsteht, dann die Gurke in dünne Scheiben schneiden. Radieschen waschen und putzen und in dünne Scheiben schneiden. Den Spinat waschen, verlesen und in einem Sieb gut abtropfen lassen. Knoblauch schälen und fein würfeln.

2 Für das Dressing die Minze kalt abspülen, trocken schütteln, Blättchen abzupfen und fein hacken. Mit dem Joghurt und Oregano verrühren und mit Pul biber, Salz und Pfeffer nach Belieben mehr oder weniger scharf würzen.

3 Den fertigen Quinoa-Mix warm halten. In einem Topf das Olivenöl erhitzen, darin den Knoblauch langsam andünsten. Dann die Hitze erhöhen, den nassen Spinat in den Topf geben und unter Rühren bei großer Hitze zusammenfallen lassen, dann salzen und pfeffern. In ein Sieb abgießen, mit einer Gabel Garflüssigkeit aus dem Spinat drücken, dann leicht auflockern.

4 Fertigen Quinoa-Mix auf Schalen verteilen, darauf Tomaten, Gurke, Radieschen, Schafskäse und ausgedrückten Spinat anordnen. Joghurtdressing in die Mitte geben und sofort servieren – wer will, streut noch etwas Minze und Pul biber darüber.

2 PORTIONEN

25 MINUTEN

VEGETARISCH

STAR-OF-CYPRUS-BOWL

ZUTATEN

FÜR DIE HALLOUMI-PUFFER

1 Knoblauchzehe

150 g Halloumi

80 g Baby-Spinat

3 Frühlingszwiebeln

1 Ei (Größe M)

2 EL Semmelbrösel

2 Msp. Chilipulver – Salz – Pfeffer

Öl zum Braten

AUSSERDEM

100 g Reis

4 EL ganze rote Linsen

Salz

1 Zucchini

300 g bunte Kirschtomaten (gelb, orange, rot)

2 EL Aceto balsamico

2 Zweige frische Minze

Saft von ½ Bio-Zitrone

2 EL Kapernäpfel

SO GEHT'S

1 In einem Topf 300 ml Wasser aufkochen, den Reis und die Linsen zugeben und salzen. Aufkochen und 1 Minute kochen lassen, dann zugedeckt bei kleinster Hitze 20–25 Minuten zugedeckt garen bzw. ausquellen lassen. Inzwischen die Zucchini waschen, putzen und längs in ganz feine Streifen hobeln, leicht salzen und ziehen lassen. Knoblauch schälen und in Scheiben schneiden.

2 Für die Puffer Halloumi trocken tupfen und auf einer Rohkostreibe grob raspeln. Spinat waschen und trocken schleuern. 50 g Spinat fein hacken, den Rest beiseitelegen. Frühlingzwiebeln waschen und putzen. Den weißen Teil längs vierteln und fein hacken, den grünen schräg in dünne Ringe schneiden. Den weißen Teil mit gehacktem Spinat, Halloumi, Ei und Semmelbröseln mischen, mit Chili, Salz und Pfeffer würzen. Dann mit den Händen zu einer glatten Masse vermengen.

3 Etwas Öl in einer beschichteten Pfanne erhitzen und je 1 gehäuften EL Halloumimasse hineingeben und jeweils sofort glatt streichen, ca. 3 Minuten braten, dann wenden und weitere 2–3 Minuten braten. Gleichzeitig Tomaten waschen und trocken tupfen. In einer zweiten Pfanne ausreichend Öl erhitzen, Tomaten und Knoblauch hineingeben, salzen, pfeffern und bei großer Hitze 3–4 Minuten braten, bis die Tomaten leicht aufplatzen. Mit Essig ablöschen, durchrühren und vom Herd nehmen.

4 Wasser zum Kochen bringen (z. B. im Wasserkocher). Die Zucchinistreifen damit übergießen, 2 Minuten ziehen lassen, in ein Sieb abgießen und abtropfen lassen. Währenddessen Minze waschen, trocken schütteln, Blättchen abzupfen und fein hacken. Etwa die Hälfte davon mit Zucchini und 2 EL Zitronensaft mischen und mit Salz und Pfeffer würzen.

5 Linsenreis auf Schalen verteilen. Zucchinistreifen und den übrigen Spinat darauf verteilen, Tomaten samt Bratensaft, Halloumi-Puffer und abgetropfte Kapernäpfel daneben. Alles mit Frühlingszwiebelgrün und übriger Minze bestreuen.

TIPP

Die extrem scharfe fermentierte Gochujang-Paste aus Korea gilt unter Gesundheitsbewussten als absoluter Geheimtipp. Sie macht Speisen bekömmlicher und fördert gleichzeitig die Verdauung. Man bekommt sie im Asienladen. Wer dort nicht fündig wird, kann auf chinesische Bohnenpaste mit Chili (Doubanjiang) zurückgreifen, die der koreanischen ähnelt.

2 PORTIONEN

30 MINUTEN

VEGETARISCH

OFEN

SEOUL-SOULFOOD-BOWL

ZUTATEN

400 g Rosenkohl

3 ½ EL Gochujang-Paste (siehe Tipp)

Saft von 2 Mandarinen

2 EL Ahornsirup

2 EL Sojasoße

Salz – Pfeffer

AUSSERDEM

125 g Reis (s. S. 38)

1 dicke Möhre

120 g weißer Rettich

2 Frühlingszwiebeln

½ - ¾ TL Chiliflocken

1 EL Reisessig

2 TL Sesamöl

1 Handvoll Japanese Greens (ersatzweise Baby-Leaves)

2 Eier (Größe M)

1 EL (schwarzer) Sesam

Öl zum Braten

Blitz-Kimchi (s. S. 108 nach Belieben)

SO GEHT'S

1 Den Backofen auf 220 °C vorheizen. Den Rosenkohl waschen, äußere unschöne Blätter entfernen, dann die Röschen längs halbieren. 1 ½ EL Gochujang-Paste mit 3 EL Mandarinensaft, 2 EL Ahornsirup und 1 EL Sojasoße verrühren. Den Rosenkohl gründlich in dieser Würzpaste wenden und in eine ofenfeste Form geben, salzen und pfeffern. Im heißen Ofen (Mitte) ca. 25 Minuten garen, dabei ein- bis zweimal durchrühren und mit dem übrigen Mandarinensaft (dabei 4 EL zurückbehalten) begießen, evtl. noch ein wenig Öl darüberträufeln.

2 Inzwischen den Reis, wie auf S. 38 beschrieben, zubereiten. Die Möhre und den Rettich getrennt schälen, putzen und in feine Streifen (Julienne) hobeln. Die Frühlingszwiebeln putzen, waschen und trocken schütteln. Den weißen Teil längs vierteln und die Viertel fein hacken. Den grünen Teil in feine Ringe schneiden.

3 Die weißen Zwiebelstücke mit dem Rettich, Essig und der Hälfte Chiliflocken mischen, leicht salzen, mit den Händen durchkneten und ziehen lassen. Die Möhren mit übrigen Chiliflocken, der Hälfte der grünen Zwiebelringe, der übrigen Sojasoße und 1 TL Sesamöl mischen und ebenfalls ziehen lassen. Die Salatblätter waschen und trocken schleudern. Restliche Gochujang-Paste, Ahornsirup, Sesamöl und 4 EL Mandarinensaft mit 1–2 EL Wasser zu einer nicht zu flüssigen Soße verrühren.

4 In einer Pfanne 1–2 EL Öl erhitzen und darin die Eier zu zwei getrennten Spiegeleiern braten, dabei sollte das Eigelb noch flüssig sein. Den Reis auf Schalen verteilen und darauf Rosenkohl, Möhre, Rettich, Japanese Greens und nach Belieben Kimchi in einzelnen Häufchen anordnen. Die Soße in die Mitte geben. Die Spiegeleier mittig darauflegen, alles mit Sesam bestreuen und servieren.

2 PORTIONEN

25 MINUTEN

VEGETARISCH

FRÜHLINGSGRÜN-BOWL

ZUTATEN

125 g Hirse (s. S. 38)

2 Eier (Größe M)

3 dünne Möhren

200 g TK-Erbsen

1 kleines Bund Radieschen

1 kleine Avocado

1 ½ EL Zitronensaft

2 Handvoll Kerbel

20 g Bärlauch

2 Stängel Estragon

120 g saure Sahne

Salz – Pfeffer

Zucker

SO GEHT'S

1 Hirse, wie auf S. 38 beschrieben, garen und gegebenenfalls warm halten. Währenddessen die Eier in leicht kochendem Wasser in 8 Minuten garen, kalt abschrecken und leicht abkühlen lassen. Inzwischen die Möhren schälen und in ca. 3 mm dicke Scheiben schneiden. In einem Topf ausreichend Wasser kochen, darin die Möhren in 5–7 Minuten etwas mehr als bissfest garen, dabei nach etwa 3 Minuten Garzeit die gefrorenen Erbsen dazugeben. Anschließend beides in ein Sieb abgießen und abtropfen lassen.

2 Inzwischen Radieschen waschen, putzen und in feine Scheiben schneiden. Kern und Schale der Avocado entfernen, das Fruchtfleisch in Würfel schneiden und sofort mit 1 TL Zitronensaft mischen, damit es nicht braun wird.

3 Kerbel, Bärlauch und Estragon waschen und trocken schütteln. Vom Kerbel ein Drittel abnehmen und grob zerschneiden. Vom Bärlauch dicke Stiele wegschneiden, die Blätter klein schneiden, Estragonblätter abzupfen. Klein geschnittenen Kerbel, Bärlauch und Estragon mit 1 EL saure Sahne und übrigem Zitronensaft fein pürieren, dann restliche saure Sahne unterrühren und mit Salz, Pfeffer und 1 Prise Zucker würzen. Den übrigen Kerbel eventuell kleiner zupfen. Eier pellen und längs halbieren.

4 Die Hirse auf Schalen verteilen, darauf Möhren-Erbsen-Gemüse anrichten, daneben die Radieschen, Kerbel und Avocado. Die Eierhälften in der Mitte anrichten. Die Kräutersoße über alles träufeln und servieren.

TIPP

Wer keinen Balsamico einkochen und Zeit sparen möchte, nimmt einfach fertige Crema di Balsamico – diese enthält jedoch oft mehr Zucker.

2 PORTIONEN

30 MINUTEN

VEGETARISCH

OFEN

EARLY-SUMMER-BOWL

ZUTATEN

125 g Reis (s. S. 38, alternativ auch Wildreismischung)

500 g grüner Spargel

1 Bio-Zitrone

2-3 EL Olivenöl

Salz – Pfeffer

80 ml Aceto balsamico

1 ½ EL Zucker

2 EL Pinienkerne

100 g Erdbeeren

80 g Baby-Spinat

120 g cremiger Ziegenkäse

3 EL saure Sahne

2 Msp. abgeriebene Schale einer Bio-Zitrone

½ TL körniger Senf

4 Stängel Basilikum

SO GEHT'S

1 Den Reis, wie auf S. 38 beschrieben, zubereiten und gegebenenfalls zugedeckt warm halten. Gleichzeitig den Backofen auf 225 °C vorheizen. Spargel waschen und die Stangen in der unteren Hälfte schälen (sehr dünne Stangen einfach so lassen). Die Stangen in einer möglichst passenden Form nebeneinander so dicht an dicht auslegen, dass keine Stangen übereinander liegen.

2 Die Zitrone heiß abwaschen, die Schale fein abreiben und den Saft auspressen. Die Hälfte des Saftes und der Schale auf dem Spargel verteilen. 2 EL Olivenöl darüberträufeln und mit Salz und Pfeffer würzen. Den Spargel im heißen Ofen (Mitte) ca. 25 Minuten garen, dabei ein- bis zweimal wenden, falls nötig, mit dem restlichen Olivenöl beträufeln.

3 Währenddessen Aceto balsamico und Zucker in einem kleinen Topf bei mittlerer Hitze unter Rühren 5 Minuten einköcheln lassen. Vom Herd nehmen und abkühlen lassen. Inzwischen Pinienkerne in einer Pfanne ohne Fett rösten bis sie leicht bräunen, abkühlen lassen. Erdbeeren waschen putzen und in Scheiben schneiden. Spinat waschen und trocken schleudern.

4 Ziegenkäse mit saurer Sahne und Senf verrühren. Mit 1 ½ EL Zitronensaft und Zitronenschale glatt verrühren. Basilikum waschen, trocken schütteln, die Blättchen abzupfen und in feine Streifen schneiden, die Hälfte unter die Ziegenkäsecreme rühren.

5 Reis auf Schalen verteilen, den Spargel auf eine Seite legen, daneben den Spinat mit den Erdbeeren (evtl. mischen). Jeweils einen Klecks Ziegenkäsecreme daneben oder in die Mitte setzen. Alles mit Balsamicoreduktion beträufeln und mit Basilikum und Pinienkernen bestreuen.

TIPP

Veganes, ungesüßtes Mandeljoghurt auf Basis von Mandeldrink (oder anderer Nussmilch) gibt es inzwischen einfach in Bioläden zu kaufen.

2 PORTIONEN

45 MINUTEN

VEGAN

OFEN

EASY-HERBST-BOWL

ZUTATEN

300 g Rosenkohl

2 Möhren

1 TL Zucker

3 EL Aceto balsamico bianco

4 EL Olivenöl

1 TL körniger Senf

⅓ TL getrockneter Thymian

Salz – Pfeffer

Saft von 1–2 Orangen

125 g Dinkel (s. S. 38, alternativ Reis)

1 Gelbe Bete

1 Handvoll Feldsalat

1 große Zwiebel

150 g veganer Mandeljoghurt (siehe Tipp)

½ TL Currypulver

1 TL Ahornsirup oder Agavendicksaft

1 Avocado

SO GEHT'S

1 Den Backofen auf 220 °C vorheizen. Rosenkohl waschen, putzen und längs halbieren. Möhren schälen, putzen und schräg in ca. 5 mm dicke Stücke schneiden. Zucker mit Essig, 2 EL Olivenöl, Senf und getrocknetem Thymian in einer ofenfesten Form mischen. Das Gemüse hineingeben und alles gut vermengen, mit Salz und Pfeffer würzen. Im heißen Ofen (Mitte) ca. 20 Minuten garen. Dann 4–5 EL Orangensaft und knapp 1 EL Öl zugeben, alles durchmischen und in ca. 15 weiteren Minuten fertig garen – eventuell nochmals durchmischen.

2 Währenddessen den Dinkel nach Packungsanweisung zubereiten. Gelbe Bete waschen, schälen und putzen und in ganz feine Scheiben hobeln. Feldsalat putzen, waschen, trocken schütteln und evtl. etwas kleiner zupfen. Zwiebel längs halbieren und in schmale Streifen schneiden.

3 Mandeljoghurt mit 5–6 EL Orangensaft, Currypulver und Ahornsirup (oder Agavendicksaft) verrühren und mit Salz und Pfeffer würzen. Avocado längs halbieren, Schale und Kern entfernen, das Fruchtfleisch würfeln und in ein wenig Orangensaft wenden.

4 Übriges Öl in einer Pfanne erhitzen, darin die Zwiebel bei mittlerer Hitze goldbraun braten. Dinkel auf Schalen verteilen, Feldsalat daraufgeben, darauf Gelbe Bete und Avocado, das Ofengemüse daneben anrichten. Röstzwiebeln über alles verteilen und die Bowls mit der Mandel-Curry-Soße servieren.

2 PORTIONEN
30 MINUTEN
VEGETARISCH
OFEN

COSY-WINTER-BOWL

ZUTATEN

FÜR DAS OFENGEMÜSE

1 Rote Bete

2 Möhren

1 Stange Lauch

3 Schalotten

1 Knoblauchzehe

3 Zweige Thymian

1 EL Ahornsirup

1 EL Zitronensaft

2 ½ EL Olivenöl

Salz – Pfeffer

FÜR DIE WALNUSSSOSSE

50 g Walnusskerne

80 g Schafskäse (z. B. Feta)

120 g Joghurt (3,5 % Fettgehalt)

2 EL Olivenöl

2 Zweige Thymian

6 Stängel Petersilie

1–2 Spritzer Zitronensaft

Chilipulver

AUSSERDEM

125 g Buchweizen

1 Handvoll Feldsalat

SO GEHT'S

1 Den Backofen auf 200 °C vorheizen. Inzwischen die Rote Bete schälen und achteln (dazu Gummihandschuhe tragen, sie färbt stark). Möhren putzen, schälen und schräg in knapp 1 cm dicke Scheiben schneiden. Lauch waschen, putzen und in gut 1 cm breite Ringe schneiden, Schalotten schälen und längs halbieren.

2 Das Gemüse in eine ofenfeste Form geben. Den Knoblauch schälen und fein hacken. Den Thymian waschen, trocken schütteln, die Blättchen abzupfen und fein hacken. Beides mit Ahornsirup, Zitronensaft und Öl mischen und mit dem Gemüse vermengen, salzen und pfeffern. Im heißen Ofen (Mitte) in 20–25 Minuten garen. Gleichzeitig den Buchweizen, wie auf S. 38 beschrieben, zubereiten.

3 Für die Walnusssoße die Walnüsse in einer Pfanne ohne Fett rösten, bis sie leicht bräunen und duften. Abkühlen lassen, grob zermahlen oder erst hacken und dann mit einer Gabel zerdrücken. Schafskäse trocken tupfen und mit einer Gabel fein zerbröckeln. Schafskäse und Walnüsse mit Joghurt und Olivenöl verrühren. Thymian und Petersilie waschen, trocken schütteln, Blättchen abzupfen, fein hacken und ebenfalls unterrühren. Mit Zitronensaft, Salz, Pfeffer und Chilipulver pikant abschmecken.

4 Den Feldsalat waschen, putzen und trocken schleudern. Buchweizen auf Schalen verteilen. Das Ofengemüse darauf drapieren und den Feldsalat daneben anrichten. Vor dem Servieren die Walnusssoße über alles träufeln.

2 PORTIONEN

25 MINUTEN

VEGETARISCH

EASY-HALLOUMI-BOWL

ZUTATEN

FÜR DEN ROTE-BETE-DIP

60 g Walnusskerne

2 vorgegarte Rote Bete (vakuumverpackt, ca. 220 g)

1 Knoblauchzehe

1 TL Honig

1 ½ EL Zitronensaft

½ TL gemahlener Kreuzkümmel

3 EL Joghurt (3,5 % Fettgehalt)

AUSSERDEM

125 g Couscous (s. S. 39)

1 Bio-Mini-Gurke

3 Stängel Dill

1 EL Weißweinessig

Salz - Pfeffer

1 Bund Minze

100 g Baby-Mangoldblätter

2 EL Pistazienkerne

2 EL (schwarzer) Sesam

200 g Halloumi

Olivenöl zum Braten

2 EL kleine schwarze Oliven

Scharfe Zwiebeln (s. S. 67, nach Belieben)

SO GEHT'S

1 Walnüsse in einer Pfanne ohne Fett rösten, bis sie leicht bräunen, dann abkühlen lassen. Währenddessen den Couscous, wie auf S. 39 beschrieben, zubereiten und warm halten.

2 Gurke waschen, längs vierteln und in dünne Stücke schneiden. Dill waschen und trocken schütteln, Spitzen abzupfen und fein hacken. Die Gurke mit Dill, Essig, Salz und Pfeffer mischen und ganz leicht mit den Händen durchkneten, ziehen lassen. Die Minze waschen, trocken schütteln, Blättchen abzupfen und grob hacken. Mangold waschen und trocken schleudern.

3 Für den Dip die Roten Beten grob zerschneiden, Knoblauch schälen und grob hacken. Die Walnüsse grob hacken und die Hälfte davon mit Roter Bete, Knoblauch, Honig, Salz und Pfeffer, 1 EL Zitronensaft und Kreuzkümmel fein pürieren. Joghurt unterrühren und alles mit Salz, Pfeffer und Zitronensaft abschmecken. Pistazien grob hacken und mit den restlichen Walnüssen und Sesam mischen.

4 Halloumi in ca. 1 cm dicke Scheiben schneiden. Eine Grillpfanne dünn mit Olivenöl auspinseln und den Käse darin beidseitig braten, bis er leicht gebräunt und warm ist.

5 Couscous auf Schalen verteilen. Baby-Mangold darauf geben, darauf Halloumischeiben, Oliven, Gurkensalat und nach Belieben eingelegte Zwiebeln anrichten. Rote-Bete-Dip in die Mitte geben und alles mit Nuss-Sesam-Mischung und Minzeblättern bestreuen.

3 X SCHNELLE PICKLES

INGWER-GURKEN

ZUTATEN

1 Bio-Salatgurke
1 Knoblauchzehe
15 g frischer Ingwer
Zucker – Salz
2–3 EL Reisessig
2 EL Sojasoße
1 EL geröstetes Sesamöl

SO GEHT'S

1 Die Gurke waschen, putzen, längs halbieren, die Kerne mit einem Löffel herauskratzen. Anschließend die Gurke in ca. 2 mm dünne Scheiben schneiden. Knoblauch und Ingwer schälen und möglichst fein hacken. 1 TL Zucker und ½ TL Salz in ein Schälchen geben und mit 2 EL Reisessig und Sojasoße verrühren, bis sich beides aufgelöst hat, dann das Öl unterrühren. Das Dressing mit der Gurke in eine Schüssel geben und alles mischen, dann 10–15 Minuten ziehen lassen. Die Gurken danach nochmals mit Salz und eventuell Essig abschmecken.

TIPP

Die Gurke, falls möglich, ruhig noch länger ziehen lassen und sie vor dem Servieren, dann aus dem ausgetretenen Saft nehmen und leicht auspressen. Wer möchte, kann sie zusätzlich mit in feine Ringe geschnittenen Frühlingszwiebeln, gehacktem Koriandergrün und Chiliflocken aufpeppen.

SCHARFE ZWIEBELN

ZUTATEN

2 große, rote Zwiebeln

1 rote Chilischote

200 ml Weißweinessig

¼ TL getrockneter Oregano

1 Zweig Thymian

Saft von 2 Limetten

Salz

SO GEHT'S

1 Die Zwiebeln schälen und in dünne Ringe schneiden. Chilischote waschen, Stiel abschneiden und Schote quer in dünne Scheiben schneiden, dabei nach Wunsch Kerne entfernen.

2 Den Essig mit Oregano aufkochen, währenddessen Thymian kalt abwaschen und den Limettensaft auspressen. Zwiebeln in den kochenden Essig geben, Hitze reduzieren, Chili und Thymian zugeben und alles bei kleiner Hitze 2–3 Minuten leicht köcheln lassen. Die Zwiebeln sollten etwas weicher werden und Farbe an den Essig abgeben. Mit Limettensaft und knapp 1 TL Salz abschmecken. Vom Herd nehmen und in ein sauberes Schraubglas füllen. Verschließen und abkühlen lassen. Die Zwiebeln idealerweise 1 Tag ziehen lassen. Im Kühlschrank aufbewahrt, halten sie 2–4 Wochen.

SÜSS-SAURE RADIESCHEN

ZUTATEN

1 großes Bund Radieschen

¼ Rote Bete (ca. 25 g)

150 ml Weißweinessig

Zucker – Salz

SO GEHT'S

1 Die Radieschen putzen, waschen und in ca. 2 mm dicke Scheiben schneiden. Rote Bete waschen, putzen, schälen und in feine Scheiben schneiden oder hobeln (dazu Gummihandschuhe tragen, Bete färbt stark ab). Beides miteinander mischen und in ein ausreichend großes Schraubglas füllen.

2 Den Essig, 2 EL Zucker und ½ TL Salz in einem Topf unter Rühren erhitzen, bis sich der Zucker vollständig aufgelöst hat. Heiß über die Rettich-Bete-Mischung gießen, das Gemüse gut hineindrücken und das Glas verschließen. An einem kühlen Ort möglichst noch 1–2 Tage durchziehen lassen. Im Kühlschrank aufbewahrt, halten sich die Radieschen gut 1 Monat.

2 PORTIONEN
25 MINUTEN
VEGAN

WALD-UND-WIESEN-BOWL

ZUTATEN

FÜR DIE PILZE

250 g braune Champignons

½ Knoblauchzehe

1 Zweig Rosmarin

Öl zum Braten

FÜR DIE MANDELSOSSE

4 getrocknete, in Öl eingelegte Tomaten

½ Knoblauchzehe

3 EL Mandelmus

2 TL Hefeflocken

⅓ TL getrockneter Thymian

Salz · Pfeffer

AUSSERDEM

120 g Beluga-Linsen (ersatzweise Puy-Linsen)

2 Stangen Staudensellerie

8 Kirschtomaten

3 EL Haselnussblättchen

1 Bund Rucola

1–2 TL Rotweinessig

SO GEHT'S

1 In einem Topf ca. 500 ml Wasser erhitzen, darin die Linsen bei mittlerer Hitze zugedeckt ca. 25 Minuten garen. Sie sollten gar sein, aber noch Biss haben. Gegen Garzeitende salzen.

2 Währenddessen für die Mandelsoße die Tomaten abtropfen lassen und grob zerschneiden. Knoblauch schälen und grob hacken. Beides mit 3–4 EL möglichst kaltem Wasser, Mandelmus, Hefeflocken und Thymian fein pürieren. Mit Salz und Pfeffer würzen, evtl. noch Wasser unterrühren, damit eine dickflüssige Soße entsteht.

3 Sellerie putzen (dabei einige Blätter beiseitelegen), waschen und trocken schütteln. Die Stangen längs halbieren, dann in kleine Stücke schneiden. Das Grün grob hacken. Tomaten waschen und halbieren. Haselnüsse in einer Pfanne ohne Fett rösten, bis sie duften, abkühlen lassen. Rucola waschen und trocken schütteln. Grobe Stiele wegschneiden, die Blätter eventuell. kleiner zupfen.

4 Die Champignons putzen und je nach Größe halbieren oder vierteln. Den Knoblauch schälen und in Scheiben schneiden. Rosmarin waschen, trocken schütteln, Nadeln abzupfen und fein hacken. Ausreichend Öl in einer beschichteten Pfanne erhitzen, darin die Champignons mit dem Knoblauch bei großer Hitze braun braten. Salzen, pfeffern, Rosmarin unterrühren und noch 1–2 Minuten bei kleiner Hitze braten.

5 Die Linsen in ein Sieb abgießen und abtropfen lassen. Sofort mit Essig mischen und auf Schalen verteilen. Darauf die gebratenen Pilze (Knoblauch evtl. entfernen), Sellerie, Tomaten und Rucola geben. Alles mit der Mandelsoße beträufeln und mit Selleriegrün und Haselnussblättchen bestreuen.

TIPP

Im Sommer kann man die Reisnudeln ruhig kalt servieren (dazu abkühlen lassen oder nach dem Kochen sofort in ein Sieb gießen und kurz mit kaltem Wasser abschrecken). Ansonsten schmecken sie warm oder lauwarm.

2 PORTIONEN

25 MINUTEN

VEGAN

BBQ-TEMPEH-BOWL

ZUTATEN

FÜR DEN BBQ-TEMPEH

200 g Tempeh

1 Knoblauchzehe

Bratöl

1 EL Ahornsirup

2 EL Sojasoße

4 EL Barbecue-Soße (Smoke-Flavor)

FÜR DAS DRESSING

1 rote Chilischote

1 EL Ahornsirup

4 EL Limettensaft

3 EL Sojasoße

AUSSERDEM

100 g Reisnudeln (aus dem Asienladen)

1 Möhre

1 rote Paprikaschote

60 g Baby-Leaves

2 Frühlingszwiebeln

½ Bund Koriandergrün

3 Stängel Minze

SO GEHT'S

1 Die Reisnudeln nach Packungsanweisung garen, anschließend in ein Sieb abgießen und abtropfen lassen, gegebenenfalls warm halten (siehe Tipp). Inzwischen für das Dressing die Chilischote waschen, Stielansatz wegschneiden, die Schote längs halbieren, entkernen und fein hacken. Ahornsirup, Limettensaft und Sojasoße mischen, Chili unterrühren und ziehen lassen.

2 Die Möhre schälen und in feine Streifen (Julienne) hobeln – oder mit dem Sparschäler längs lange, dünne Späne abziehen. Paprikaschote halbieren, putzen, waschen und längs in feine Streifen schneiden. Den Salat waschen und trocken schütteln. Frühlingszwiebeln putzen, waschen und mit dem Grün schräg in dünne Ringe schneiden. Koriandergrün und Minze waschen, trocken schütteln, die Blättchen abzupfen und grob hacken.

3 Tempeh in ca. 1 cm dicke Scheiben oder Stücke schneiden, Knoblauch schälen. In einer beschichteten Pfanne reichlich Öl erhitzen, darin den Tempeh beidseitig bei mittlerer bis großer Hitze 5–6 Minuten braten, bis er knusprig gebräunt ist. Aus der Pfanne nehmen und auf Küchenpapier abtropfen lassen.

4 Öl bis auf einen kleinen Rest aus der Pfanne gießen und neu erhitzen. Knoblauch hineinpressen und kurz andünsten. Ahornsirup, Sojasoße, knapp 100 ml Wasser und Barbecue-Soße einrühren. Bei mittlerer Hitze dickflüssig einkochen lassen. Den Tempeh hineingeben und 2–3 Minuten darin ziehen lassen, dabei mehrmals wenden und dann vom Herd nehmen.

5 Reisnudeln auf Schalen verteilen, Salat, Möhren, Paprika, die Hälfte Frühlingszwiebeln und Kräuter darauf verteilen und mit dem Dressing begießen. Tempeh obenauf legen und mit den übrigen Frühlingszwiebeln und Kräutern bestreuen. Vor dem Servieren alles untereinander mischen.

2 PORTIONEN

30 MINUTEN

VEGAN

OFEN

SATÉ-STYLE-TOFU-BOWL

ZUTATEN

125 g Quinoa-Mix (s. S. 39)

300 g (Räucher-)Tofu

3 ½ EL Sojasoße

1 EL Olivenöl

350 g Brokkoli

2 Limetten

½ TL Zucker (ersatzweise Ahornsirup)

4 EL Erdnussmus

2 TL Chilisoße (z. B. Sriracha)

1 rote Spitzpaprika

1 Möhre

1 Avocado

2–3 EL gehacktes Koriandergrün (nach Belieben)

SO GEHT'S

1 Quinoa, wie auf S. 39 beschrieben, zubereiten. Während die Quinoa gart, Backofen auf 220 °C vorheizen, ein Blech mit Backpapier auslegen. Währenddessen den Tofu gut ausdrücken und in ca. 1,5 cm große Würfel schneiden. 1 EL Sojasoße mit Olivenöl mischen und den Tofu darin wenden.

2 Brokkoli waschen, putzen, Stiel schälen, längs halbieren und quer in 5 mm dicke Scheiben schneiden. Den oberen Teil in kleine Röschen brechen, große eventuell in knapp 1 cm breite Stücke schneiden. Limetten halbieren, von 3 Hälften den Saft auspressen, die übrige Hälfte vierteln und beiseitelegen. Zucker mit restlicher Sojasoße und 5 EL Limettensaft verrühren, bis sich der Zucker gelöst hat. Erdnussmus und Chilisoße (eventuell erst weniger nehmen) unterrühren. Die Paste dann mit ca. 8 EL Wasser zähflüssig verrühren.

3 Knapp die Hälfte der Erdnusscreme in einen tiefen Teller geben und Brokkoli rundum darin wenden und gut in die Paste drücken, bis er rundum überzogen ist. Den Brokkoli auf einer Seite des Blechs, den Tofu auf der anderen Seite flach verteilen. Im heißen Ofen (Mitte) ca. 20–25 Minuten garen, dabei beides einmal wenden bzw. durchrühren.

4 Inzwischen die übrige Erdnusssoße mit 4–5 EL Wasser verrühren und mit restlichem Limettensaft und evtl. nochmals Chilisoße abschmecken. Paprika längs halbieren, putzen und die Hälften quer in dünne Streifen schneiden. Möhre schälen, putzen und in feine Stifte (Julienne) hobeln. Avocado halbieren, Kern und Schale entfernen, die Hälften längs in Spalten schneiden und evtl. mit etwas Limettensaft beträufeln, damit sie nicht braun werden.

5 Die fertige Quinoa auf Schalen verteilen, darauf Brokkoli, Tofu, Möhren, Paprika und Avocado anordnen, nach Belieben mit Koriandergrün bestreuen und alles mit der der Erdnusssoße servieren. Limettenviertel zum Beträufeln dazu reichen.

2 PORTIONEN

40 MINUTEN

VEGETARISCH

OFEN

TANDOORI-GOBI-BOWL

ZUTATEN

FÜR BLUMENKOHL & KICHERERBSEN

1 kleiner Blumenkohl (ca. 400 g)

200 g griechischer Joghurt (10 % Fettgehalt)

1 TL Tandoori-Gewürzpulver

2 EL Limettensaft

1 ½ EL Butterschmalz oder Ghee

1 Dose Kichererbsen (400 g Füllgewicht)

1 Knoblauchzehe

2 EL Olivenöl

1 TL Garam Masala (indische Gewürzmischung)

2 Msp. Chilipulver

Salz – Pfeffer

AUSSERDEM

125 g Reis (s. S. 38)

2 Tomaten

½ TL Kreuzkümmelsamen

1 Bund Koriandergrün

50 g Baby-Spinat

1 kleine rote Zwiebel

SO GEHT'S

1 Den Backofen auf 220 °C vorheizen, ein Blech mit Backpapier auslegen. Den Blumenkohl waschen, putzen und in mundgerechte Röschen teilen. 3 EL Joghurt mit Tandoori-Gewürzpulver und Limettensaft verrühren. Butterschmalz oder Ghee in einem Pfännchen schmelzen und unterrühren, dabei etwa 1 TL in der Pfanne lassen, Pfanne damit beiseitestellen. Blumenkohlröschen gut in der Mischung wälzen und auf eine Blechhälfte geben.

2 Die Kichererbsen in ein Sieb abgießen, kalt abbrausen und abtropfen lassen. Knoblauch schälen und halbieren. Eine Hälfte durchpressen und mit Olivenöl, Garam Masala, Chilipulver und Kichererbsen mischen. Mit Salz und Pfeffer würzen und die Kichererbsen auf der anderen Blechseite verteilen.

3 Das Blech mit Blumenkohl und Kichererbsen in den heißen Ofen (Mitte) schieben und alles 20–25 Minuten rösten, dabei einmal durchrühren, gegen Ende evtl. für 3–5 Minuten den Grill zuschalten, damit der Blumenkohl leicht bräunt. Der Blumenkohl sollte am Ende gar sein, aber noch Biss haben. Gleichzeitig den Reis, wie auf S. 38 beschrieben, zubereiten.

4 Inzwischen die Tomaten waschen, halbieren und das Innere samt Kernen mit einem Löffel entfernen. Das Fruchtfleisch in Würfel schneiden. Kreuzkümmelsamen zum Butterschmalz in die Pfanne geben und erneut langsam erhitzen, bis der Kreuzkümmel leicht knistert. Butterschmalz samt Kreuzkümmel mit den Tomaten unter den übrigen Joghurt rühren. Übrige Knoblauchhälfte dazupressen und mit Salz und Pfeffer würzen.

5 Koriandergrün waschen, trocken schütteln, Blättchen abzupfen und klein hacken. Etwa ein Drittel unter die Tomatenraita mischen. Spinat verlesen, waschen und trocken schleudern. Zwiebel schälen und in dünne Ringe schneiden.

6 Reis auf Schalen verteilen, Spinat, Tandoori-Blumenkohl und die Kichererbsen darauf verteilen. Tomatenraita in die Mitte geben, Zwiebelringe und Koriandergrün darauf anrichten.

2 PORTIONEN

25 MINUTEN

VEGETARISCH

MITTELMEER-BOHNEN-BOWL

ZUTATEN

FÜR DIE BOHNENCREME

1 Dose weiße Bohnen (400 g Füllgewicht)

1 Knoblauchzehe

6 Zweige Thymian

2 EL Olivenöl

1 EL Tomatenmark

1 Msp. Chilipulver

Salz – Pfeffer

AUSSERDEM

125 g Couscous (s. S. 39)

1 großer Zucchino

150 g gemischte Kirschtomaten

2 Zweige Basilikum

150 g Schafskäse (Feta)

3 EL kleine schwarze Oliven

Grünkohl-Pesto (s. S. 97 nach Belieben)

SO GEHT'S

1 Couscous, wie auf S. 39 beschrieben, garen, quellen lassen und warm halten. Inzwischen die Bohnen in ein Sieb abgießen, dabei das Einlegewasser auffangen. Knoblauch schälen und fein hacken, den Thymian waschen und trocken schütteln, Blättchen abzupfen und grob hacken.

2 In einer Pfanne 1 EL Olivenöl erhitzen, darin die Hälfte Knoblauch andünsten. Tomatenmark und gut die Hälfte Thymian zugeben und kurz mit andünsten. Die Hälfte der Bohnen zugeben und mit Chili und Salz würzen. 75 ml Bohneneinweichwasser zugeben und alles 5 Minuten bei kleiner Hitze einkochen lassen. Vom Herd nehmen und abkühlen lassen. Die abgekühlten Bohnen mit dem Pürierstab fein pürieren, dabei nochmals 1 EL Olivenöl – und falls die Masse zu dick ist, noch etwas Einweichwasser – unterrühren.

3 Den Zucchino putzen, waschen, längs halbieren, dann die Hälften in Scheiben schneiden. Übriges Öl in einer beschichteten Pfanne, erhitzen, darin den übrigen Knoblauch andünsten, Zucchini zugeben und bei mittlerer bis großer Hitze in 3-5 Minuten unter gelegentlichem Rühren leicht braun braten, dabei gegen Ende den restlichen Thymian unterrühren, salzen und pfeffern.

4 Tomaten waschen und halbieren, dabei den Stielansatz entfernen, leicht salzen und pfeffern. Basilikum waschen und trocken schütteln, Blätter abzupfen und grob zerzupfen. Schafskäse trocken tupfen und in Würfel schneiden.

5 Couscous auf Schalen verteilen, die übrigen Bohnen, Tomaten, Schafskäse, Oliven und Zucchini darauf verteilen, die Bohnencreme dazugeben, nach Wunsch mit Grünkohl-Pesto beträufeln. Alles mit Basilikum bestreuen.

2 PORTIONEN

30 MINUTEN

VEGETARISCH

SEELENTRÖSTER-BOWL

ZUTATEN

FÜR DAS SÜSS-KARTOFFELPÜREE

2 Süßkartoffeln (ca. 500 g)

3 Zweige Thymian

4 EL Butter

1 kleine Knoblauchzehe

1 TL Honig

2–3 EL Zitronensaft

Salz – Pfeffer

frisch geriebene Muskatnuss

FÜR DEN RUCOLA

1 großes Bund Rucola

1 TL Senf

1 TL Weißweinessig

1 EL Zitronensaft

Salz – Pfeffer

2 EL Olivenöl

AUSSERDEM

125 g Quinoa-Mix (s. S. 39)

2 Tomaten

3 EL Kürbiskerne

2 Eier (Größe M)

Chiliflocken

SO GEHT'S

1 Quinoa-Mix, wie auf S. 39 beschrieben, zubereiten. Gleichzeitig die Süßkartoffeln mit einem Sparschäler schälen und in ca. 1 cm große Würfel schneiden. Währenddessen in einem Topf ausreichend Wasser zum Kochen bringen, salzen. Süßkartoffeln hineingeben und in 20–25 Minuten zugedeckt bei mittlerer Hitze garen.

2 Inzwischen den Rucola waschen und trocken schütteln, grobe Stiele entfernen, die Blätter eventuell. kleiner zupfen. Senf mit Essig und Zitronensaft verrühren, salzen, pfeffern, dann kräftig das Öl unterschlagen. Die Tomaten waschen, halbieren und die Kerne mit einem Löffel herauslösen. Das Fruchtfleisch in kleine Würfel schneiden, dabei den Stielansatz entfernen. Die Kürbiskerne in einem Pfännchen ohne Fett rösten, bis sie duften, dann herausnehmen und abkühlen lassen.

3 Thymian waschen, trocken schütteln, die Blättchen abzupfen und fein hacken. 3 EL Butter in einem Pfännchen zerlassen. Den Knoblauch schälen, in die Butter pressen und kurz andünsten. Thymian hineingeben und kurz mitdünsten, dann Honig und 2 EL Zitronensaft unterrühren.

4 Das Wasser abgießen und die Kartoffeln kurz offen auf der ausgeschalteten Herdplatte ausdampfen lassen, dann mit dem Kartoffelstampfer mehr oder weniger grob pürieren. Die Thymianbutter unterrühren und mit Salz, Pfeffer und evtl. nochmals Zitronensaft abschmecken und zugedeckt warm halten.

5 1 EL Butter in einem Pfännchen erhitzen, darin die Eier zu zwei Spiegeleiern braten, salzen und pfeffern. Währenddessen den Rucola mit dem Dressing mischen. Quinoa auf Schalen verteilen. Süßkartoffelpüree daraufgeben. Jeweils 1 Spiegelei, Rucola und Tomatenwürfel daneben anrichten und alles mit den Kürbiskernen bestreuen. Wer Schärfe liebt, streut Chiliflocken darüber.

BLITZ-CURTIDO

ZUTATEN

½ Weißkohl (ca. 500 g)

1 dicke Möhre

1 kleine Zwiebel

5–6 EL Weißweinessig

Salz – brauner Zucker

¼ TL Chiliflocken

Pfeffer

SO GEHT'S

1 Den Kohl waschen, längs halbieren, den Strunk wegschneiden, dann die Hälften quer in 2–3 mm dünne Streifen schneiden oder hobeln. Die Möhre schälen und auf der Rohkostreibe grob raspeln. Die Zwiebel schälen und in dünne Ringe schneiden. Alles in eine Schüssel geben.

2 5 EL Essig, 1 ½ TL Salz und 1 ½ TL Zucker verrühren und in die Schüssel über die übrigen Zutaten gießen. Alles kräftig mit den Händen durchkneten, bis Flüssigkeit austritt und der Kohl weich wird. Zuletzt Chiliflocken und Pfeffer untermischen, nochmals kurz durchkneten, gegebenenfalls mit Essig, Salz und Zucker abschmecken. Zugedeckt 1–2 Stunden kühlen, und anschließend frisch genießen!

TIPP

Curtido ist eine beliebte Beilage in El Salvador und anderen südamerikanischen Staaten. Ähnlich wie Sauerkraut oder koreanisches Kimchi wird der Kohl normalerweise längere Zeit fermentiert und damit haltbar gemacht. Wer Zeit hat, mischt den kleingehobelten Kohl, die Möhre und Zwiebelwürfel in einer Schüssel und knetet sie nur leicht mit den Händen durch. Dann 200 ml Essig mit 200 ml Wasser, 1 TL Oregano, 2 EL Salz, 1 TL Zucker aufkochen, umrühren, bis sich Salz und Zucker gelöst haben. Die heiße Flüssigkeit über den Kohl gießen, mit Pfeffer und Chiliflocken würzen, durchmischen und in ein großes Bügelglas (1 ½ l Fassungsvermögen) geben. Die Gemüsemischung leicht in die Flüssigkeit nach unten zusammendrücken. Glas verschließen, abkühlen lassen und anschließend im Kühlschrank 12 Stunden (über Nacht) durchziehen lassen. Der Kohl hält sich im Kühlschrank ca. 4 Wochen.

GOLDEN-BLUMENKOHL-PICKLES

ZUTATEN

1 kleiner Blumenkohl (ca. 400 g)

40 g (Meer-)Salz

25 g frischer Ingwer

25 g frische Kurkumawurzel

1 Knoblauchzehe

150 ml Weißweinessig

1 EL Zucker

3 Msp. Chiliflocken

SO GEHT'S

1 Den Blumenkohl putzen, in kleine Röschen brechen oder schneiden und diese in kaltem Wasser waschen. Dann in eine Schüssel geben und mit dem Salz bestreuen und gut durchmischen. 24 Stunden zugedeckt im Kühlschrank ziehen lassen.

2 Ingwer, Kurkuma und Knoblauch schälen (dazu Gummihandschuhe tragen, Kurkuma färbt – auch auf Ablagen, Küchenbrettern, etc. aus Holz), in dünne Scheiben schneiden und mit Essig, 150 ml Wasser und Zucker in einen Topf geben. Alles aufkochen und 3 Minuten sprudelnd kochen lassen. Knoblauch, Ingwer und Kurkuma mit einem Schaumlöffel herausheben. Knoblauch herausfischen und wegwerfen.

3 Den Blumenkohl kalt abspülen und mit einem sauberen Tuch trocken tupfen. Mit Ingwer und Kurkuma in 2 saubere Twist-off-Gläser (à ca. 300 ml Inhalt) füllen. Essig nochmals mit Chiliflocken aufkochen und heiß über den Blumenkohl gießen. Die Gläser sofort verschließen und möglichst 2 Wochen an einem kühlen Ort ziehen lassen. Sie halten ungeöffnet 1 Monat.

2 PORTIONEN

25 MINUTEN

VEGAN

HEALTHY-GOLD-BOWL

ZUTATEN

FÜR DAS DRESSING

1 kleine Knoblauchzehe

15 g frische Kurkumawurzel (ersatzweise 1 TL Kurkumapulver)

1 Bio-Limette

200 g Seidentofu

3 EL Weißweinessig

4 EL Orangensaft

2 TL Ahornsirup

Salz – Pfeffer

Chilipulver

AUSSERDEM

100 g Quinoa (s. S. 38)

50 g rote Linsen

250 ml Gemüsebrühe

1 Möhre

1 Gelbe Bete

60 g Feldsalat

50 g Alfalfasprossen

Golden-Blumenkohl-Pickles (s. S. 81, nach Belieben)

2 EL Gojibeeren (nach Belieben)

SO GEHT'S

1 Quinoa, wie auf S. 38 beschrieben, zubereiten. Währenddessen Knoblauch und Kurkuma schälen (dazu Gummihandschuhe tragen, Kurkuma färbt – auch auf Ablagen, Küchenbrettern, etc. aus Holz). Beides fein hacken. Limette heiß waschen, die Hälfte der Schale fein abreiben, den gesamten Saft auspressen. Schale und gut die Hälfte Limettensaft mit übrigen Dressingzutaten in einem Mixer oder Blender fein pürieren. Das Dressing mit Limettensaft, Salz, Pfeffer und Chili abschmecken.

2 Die Linsen in ein Sieb geben und kalt abbrausen. Gemüsebrühe aufkochen, darin die Linsen zugedeckt bei mittlerer Hitze 10–12 Minuten garen – sie sollten gar sein, aber noch leicht Biss haben und nicht zerfallen. Anschließend in ein Sieb abgießen und abtropfen lassen, dabei die Brühe auffangen.

3 Inzwischen Möhre und Gelbe Bete schälen (dazu wiederum Gummihandschuhe tragen), beides getrennt auf der Rohkostreibe in grobe Raspel hobeln. Feldsalat waschen, putzen und trocken schleudern. Sprossen in einem Sieb kalt abbrausen und gut trocken schütteln.

4 Die Quinoa auf Schalen verteilen, darauf die Gelbe Bete, Möhre, Salat, Sprossen, nach Belieben Golden-Blumenkohl-Pickles und Linsen anordnen. 2–3 EL Gemüsebrühe unter das Dressing rühren, dann das Dressing über alles träufeln. Nach Wunsch mit Gojibeeren bestreuen.

2 PORTIONEN

25 MINUTEN

VEGAN

MARRAKESCH-BOWL

ZUTATEN

FÜR DIE KICHERERBSEN

1 große Zwiebel

3 EL Olivenöl

1 Dose Kichererbsen (400 g Füllgewicht)

½ TL gemahlener Kreuzkümmel

⅓ TL Kurkumapulver

¼ TL Chilipulver

½ Bund Petersilie

½ Bund Koriandergrün

Salz

1–2 EL Zitronensaft

AUSSERDEM

125 g Couscous (s. S. 39)

1 Bund Rucola

1 dicke Möhre

1 Orange

Pfeffer

Süß-saure Radieschen (s. S. 67)

½ Bund Koriandergrün

SO GEHT'S

1 Für die Kichererbsen Zwiebel schälen und würfeln, 2 EL Olivenöl bei mittlerer Hitze in einem kleinen Pfännchen erhitzen, darin die Zwiebel langsam goldgelb braten. Inzwischen Kichererbsen in ein Sieb abgießen, dabei die Einweichflüssigkeit auffangen. Kreuzkümmel, Kurkuma und Chili unter die Zwiebeln rühren und kurz andünsten.

2 Dann die Kichererbsen und etwa die Hälfte Einweichwasser zugeben. Offen 10 Minuten bei kleiner bis mittlerer Hitze garen, dabei eventuell ein wenig Einweichflüssigkeit nachgießen. Inzwischen Petersilie und Koriandergrün waschen, trocken schütteln und mit den Stielen hacken. Unterrühren, salzen und weitere 5 Minuten garen, am Ende mit Zitronensaft abschmecken.

3 Während die Kichererbsen garen, den Couscous, wie auf S. 39 beschrieben, zubereiten und quellen lassen. Den Rucola waschen, trocken schütteln, harte Stiele entfernen, die Blätter eventuell kleiner zupfen. Möhre schälen und auf der Rohkostreibe grob raspeln. Von der Orange die Schale samt weißer Haut abschneiden, dann die Fruchtfilets aus den Trennwänden schneiden, dabei den Saft auffangen. Orangenfilets zusammen mit 1 EL Olivenöl verrühren, salzen und pfeffern und mit Möhre und dem Orangensaft mischen.

4 Couscous auf Schalen verteilen, darauf die Kichererbsen geben, daneben Rucola, Möhren-Orangen-Salat und nach Belieben die eingelegten Radieschen anrichten. Nach Wunsch mit Koriandergrün bestreuen.

HOT BOWLS – FISCH & FLEISCH

2 PORTIONEN

25 MINUTEN

BLT-QUINOA-BOWL

ZUTATEN

125 g Quinoa-Mix (s. S. 39)

150 g Kirschtomaten

5 Blätter Eisbergsalat

1 Avocado

2 TL Limettensaft

3 EL **Mayonnaise** (s. S. 126 oder aus dem Glas)

¼–½ TL Sriracha (scharfe Chilisoße aus Thailand)

2 EL Weißweinessig

2 frische Eier (Größe M)

1 EL Olivenöl

80 g Frühstücksspeck in Scheiben (Bacon)

SO GEHT'S

1 Den Quinoa-Mix, wie auf S. 39 beschrieben, zubereiten. Inzwischen die Tomaten waschen und abtrocknen. Eisbergsalat waschen, trocken schleudern, die Blätter übereinanderlegen und in feine Streifen schneiden. Avocado längs halbieren, Kern und Schale entfernen und das Fruchtfleisch längs in Spalten schneiden. Diese sofort in 1 TL Limettensaft wenden, damit sie nicht braun werden. Mayonnaise mit Sriracha verrühren und mit übrigem Limettensaft abschmecken.

2 In einem Topf ca. 1,5 l Wasser mit dem Essig aufkochen. Jeweils nacheinander 1 Ei aufschlagen und vorsichtig in eine Tasse geben. Hitze reduzieren und die Eier nacheinander mit Abstand zueinander vorsichtig in das simmernde Wasser gleiten lassen. Bei kleiner Hitze 4–5 Minuten garen, dabei zu Beginn mit einem Löffel das sich verteilende stockende Eiweiß um den Eidotter formen, damit die Eier schön rund bleiben. Mit einem Schaumlöffel herausheben und abtropfen lassen.

3 Gleichzeitig in einer beschichteten Pfanne das Olivenöl erhitzen, Speck der Länge nach hineinlegen und bei mittlerer Hitze braun und knusprig braten. Herausnehmen und auf einem Küchenpapier abtropfen lassen. Öl bis auf einen kleinen Rest aus der Pfanne gießen, darin die Tomaten bei großer Hitze 2–4 Minuten braten, bis sie aufzuplatzen beginnen.

4 Quinoa auf Schalen verteilen, darauf die Salatstreifen, Tomaten und Avocadospalten. Jeweils ein Ei daraufsetzen und jeweils einen Klecks Mayonnaise dazugeben. Den Frühstücksspeck in Stücke brechen und darüberstreuen.

2 PORTIONEN

25 MINUTEN

TERIYAKI-LACHS-BOWL

ZUTATEN

FÜR DEN LACHS

Lachsfilets (à ca. 120 g)

15 g frischer Ingwer

1 Knoblauchzehe

3 EL Sake (wahlweise trockener Sherry)

1 EL Zucker

3 EL Sojasoße

3 EL Olivenöl

AUSSERDEM

125 g Reis (s. S. 38)

100 g tiefgefrorene ausgelöste Edamame

1 große Möhre

1 Avocado

1 EL Zitronensaft

2 Frühlingszwiebeln

200 g Baby-Spinat

Salz - Pfeffer

2 EL Sesam

SO GEHT'S

1 Den Reis, wie auf S. 38 beschrieben, zubereiten. Währenddessen Lachs kalt abspülen und trocken tupfen. Ingwer schälen und fein reiben. Den Knoblauch schälen und fein hacken. Die Hälfte davon mit Ingwer, Sake (oder Sherry), Zucker und Sojasoße verrühren, ziehen lassen. Ausreichend Wasser in einem Topf erhitzen, salzen, darin die Edamame bei mittlerer Hitze 8–10 Minuten garen, anschließend in ein Sieb abgießen und abtropfen lassen.

2 Inzwischen Möhre schälen, putzen und auf der Rohkostreibe in Streifen hobeln (Julienne). Avocado halbieren, Kern und Schale entfernen, das Fruchtfleisch längs in Spalten schneiden. Sofort in Zitronensaft wenden. Frühlingszwiebeln putzen, waschen, trocken schütteln, den weißen und grünen Teil getrennt in feine Ringe schneiden. Spinat waschen und in einem Sieb abtropfen lassen. In einem Topf 1 EL Olivenöl erhitzen, darin den übrigen Knoblauch und die weißen Zwiebelringe andünsten. Spinat zugeben, salzen, pfeffern und bei großer Hitze zusammenfallen lassen. In ein Sieb geben und abtropfen lassen.

3 2 EL Olivenöl in einer kleinen beschichteten Pfanne erhitzen. Lachs leicht salzen und pfeffern. Ins heiße Öl geben und bei mittlerer Hitze ca. 4 Minuten braten, dann wenden und von der anderen Seite ebenfalls 2–3 Minuten bei kleiner bis mittlerer Hitze braten. Lachs vorsichtig aus der Pfanne heben.

4 Überschüssiges Öl aus der Pfanne gießen, Pfanne wieder auf den Herd stellen und die Würzsoße hineingeben. Bei mittlerer bis großer Hitze aufkochen lassen und in 1–3 Minuten dickflüssig - leicht sirupartig - einkochen lassen. Hitze reduzieren, Lachs hineinlegen und in der eingedickten Soße 1–2 Minuten schwenken.

5 Reis auf Schalen verteilen. Spinat leicht ausdrücken und daraufgeben, daneben die Edamame, Möhren und Avocado. Den Lachs auf den Reis legen und mit der eingekochten Soße beträufeln. Alles mit Frühlingszwiebelgrün und Sesam bestreuen.

2 PORTIONEN

30 MINUTEN

SWEET-AND-SOUR-CHICKEN-BOWL

ZUTATEN

FÜR DIE ANANAS-SALSA

½ reife Ananas (ca. 400 g)

1 kleine rote Chilischote

2 Frühlingszwiebeln

¼ Bund Koriandergrün

1 Limette

1 ½ EL Olivenöl

Salz – Pfeffer

FÜR DAS HÄHNCHEN-FLEISCH

200 g Hähnchenbrustfilet

1 kleine Knoblauchzehe

Salz – Pfeffer

2 EL Sweet-Chili-Soße (für Huhn, aus dem Asienladen)

Öl zum Braten

AUSSERDEM

100 g Reis (s. S. 38)

80 g Rotkohl

2 Stangen Staudensellerie

100 g Bio-Gurke

40 g Rauchmandeln (Fertigprodukt)

¼ Bund Koriandergrün

SO GEHT'S

1 Den Reis, wie auf S. 38 beschrieben, zubereiten. Ananashälfte längs vierteln, das Fruchtfleisch von der Schale schneiden und den Strunk wegschneiden. Die Viertel in einer beschichteten heißen Pfanne ohne Fett rundum bei mittlerer Hitze braten, bis sie leicht gebräunt sind, ohne dabei anzubrennen. Etwas abkühlen lassen.

2 Inzwischen Chilischote halbieren, waschen, putzen, die Hälften fein hacken. Frühlingszwiebeln waschen, trocken schütteln, den weißen und grünen Teil getrennt in Ringe schneiden. Koriandergrün waschen, trocken schütteln, Blättchen abzupfen und hacken. Die Ananas etwa 5 mm groß würfeln, dabei den Saft auffangen. Beides mit den weißen Frühlingszwiebelringen, Chili, Limettensaft, Olivenöl und Koriandergrün mischen, salzen und pfeffern.

3 Inzwischen den Rotkohl waschen, den Strunk wegschneiden und den Kohl in feine Streifen schneiden oder hobeln. Den Sellerie putzen, waschen und die Stangen schräg in schmale Scheiben schneiden. Die Gurke waschen, längs halbieren, dann die Kerne mit einem Löffel entfernen. Die Gurkenhälften in dünne Scheiben schneiden. Mandeln grob hacken. Koriandergrün waschen, trocken schütteln, Blättchen abzupfen und hacken.

4 Das Hähnchenfleisch kalt abbrausen und trocken tupfen, anschließend fein schnetzeln. Knoblauch schälen, fein würfeln und mit dem Fleisch mischen. In einer beschichteten Pfanne ausreichend Öl erhitzen, darin das Fleisch rundum braun braten, salzen und pfeffern. Sweet-Chilisoße zugeben und das Fleisch darin wenden, vom Herd nehmen und kurz ziehen lassen.

5 Reis auf Schalen verteilen, darauf Kohl, Gurke und Sellerie verteilen. Ananas-Salsa dazugeben und das noch warme Fleisch in die Mitte geben. Alles mit grünen Zwiebelringen, Koriandergrün und Mandeln bestreuen.

2 PORTIONEN

30 MINUTEN

BURRITO-CHICKEN-BOWL

ZUTATEN

FÜR DAS HÄHNCHEN

250 g Hähnchenbrustfilet

¾ TL Chili-con-Carne-Gewürzmischung

brauner Zucker

Salz – Pfeffer

Öl zum Braten

FÜR DIE TOMATENSALSA

3 Tomaten

1 kleine rote Zwiebel

1 grüne Chilischote

⅓ Bund Koriandergrün

1 EL Limettensaft

Salz – Pfeffer

brauner Zucker

AUSSERDEM

100 g Reis (s. S. 38)

1 Dose Mais-Kidney-Bohnen-Mix (425 g Füllgewicht)

½ Bund Rucola

1 kleine Avocado

1 TL Limettensaft

⅔ Bund Koriandergrün

SO GEHT'S

1 Den Reis, wie auf S. 38 beschrieben, zubereiten. Gleichzeitig für die Salsa die Tomaten waschen, halbieren und den Stielansatz entfernen, die Kerne mit einem Löffel entfernen, dann das Fruchtfleisch klein würfeln. Die Zwiebel schälen, quer halbieren, eine Hälfte klein würfeln, die andere in Ringe schneiden. Chilischote waschen, halbieren, Kerne entfernen und die Schote möglichst fein hacken. Koriandergrün waschen, trocken schütteln, die Blätter abzupfen und fein hacken. Tomaten- und Zwiebelwürfel, Koriandergrün und Chili mischen, mit Limettensaft, Salz, Pfeffer und 1 Prise Zucker würzen, ziehen lassen.

2 Inzwischen Kidneybohnen-Mais-Mix in ein Sieb abgießen und kalt abbrausen, abtropfen lassen. Rucola waschen, verlesen, dicke Stiele entfernen, Blätter evtl. kleiner zupfen und trocken schleudern. Avocado längs halbieren, Kern und Schale entfernen, das Fruchtfleisch in Würfel schneiden und sofort im Limettensaft wenden, damit es nicht braun wird. Koriandergrün waschen, trocken schütteln, Blätter abzupfen und grob hacken.

3 Das Fleisch kalt abbrausen, trocken tupfen und in dünne Schnitzel (ca. 1 cm dick) schneiden. Das Chili-con-Carne-Gewürz mit gut ½ TL braunem Zucker mischen. Das Fleisch darin wenden und die Mischung gut andrücken, salzen und pfeffern. Reichlich Öl in einer kleinen beschichteten Pfanne erhitzen. Darin das Fleisch bei mittlerer bis großer Hitze beidseitig braun anbraten. Vom Herd nehmen und kurz in der Pfanne ruhen lassen, dann in schmale, mundgerechte Streifen schneiden.

4 Reis auf Schalen verteilen. Mais-Kidney-Bohnen-Mix daraufgeben, daneben Avocado, Rucola und das Fleisch mit den Zwiebelringen anrichten. Die Tomaten aus der ausgetretenen Flüssigkeit heben und daneben platzieren. Den ausgetretenen Saft über Bohnenmix, Rucola und Avocado träufeln. Alles mit Koriandergrün bestreuen. Salsa dazugeben.

3 X SCHNELLE DRESSINGS

EASY HUMMUS

ZUTATEN

1 Dose Kichererbsen (400 g Füllgewicht)

1 Knoblauchzehe

1 ½ EL Tahin

Saft von ½ Zitrone

3–4 EL Olivenöl

¾ TL gemahlener Kreuzkümmel

je 3 Msp. Chili- und Kurkumapulver

Salz – Pfeffer

SO GEHT'S

1 Kichererbsen in ein Sieb abgießen, dabei die Einlegeflüssigkeit auffangen. Knoblauch schälen und fein hacken. Mit den abgetropften Kichererbsen, Tahin, Zitronensaft und Öl mit dem Pürierstab fein pürieren, dabei so viel von dem Einweichwasser zugeben, bis die jeweils gewünschte Konsistenz erreicht ist. Mit den Gewürzen, Salz und Pfeffer würzen.

GRÜNKOHL-PESTO

ZUTATEN

100 g Grünkohlblätter

1 Knoblauchzehe

½ Bio-Zitrone

25 g Parmesan

20 g Rauchmandeln (Fertigprodukt)

100 ml Olivenöl

Salz – Pfeffer

2 Msp. Chiliflocken

SO GEHT'S

1 Grünkohl waschen, Blätter vom harten Strunk zupfen – es sollten etwa 60 g sein. Wasser in einem Topf aufkochen, salzen, den Grünkohl hineingeben und 2–3 Minuten garen. In ein Sieb abgießen, mit kaltem Wasser abschrecken. Anschließend den Kohl gut ausdrücken und grob hacken.

2 Knoblauch schälen und grob hacken. Zitrone heiß waschen, abtrocknen, die Schale abreiben und den Saft auspressen. Parmesan in Stückchen schneiden. Kohl, Knoblauch, Parmesan, Rauchmandeln, Zitronenschale und 2 EL Saft dazugeben und alles pürieren. Mit Salz, Pfeffer und Chili würzen.

GRÜNES SOJADRESSING

ZUTATEN

1 Bund Koriandergrün

1 Knoblauchzehe

2 EL Limettensaft

400 g Seidentofu

5 EL Sonnenblumenöl

Salz – Pfeffer

SO GEHT'S

1 Das Koriandergrün waschen und gut abtrocknen, Blättchen abzupfen und zerschneiden. Knoblauch schälen und in ein hohes Rührgefäß pressen. Koriander, Limettensaft und Tofu dazugeben, darauf das Öl. Alles mit dem Pürierstab auf kleiner Stufe pürieren, dabei den Stab von oben nach unten bewegen. Mit Salz und Pfeffer würzen.

2 PORTIONEN

30 MINUTEN

FAT-GREEK-WEDDING-BOWL

ZUTATEN

FÜR DAS FLEISCH

1 Lammlachs (Lammfilet ca. 200 g)

2 Knoblauchzehen

2 EL Olivenöl

1 TL gemahlener Kreuzkümmel

¼ TL getrockneter Oregano

⅓ TL edelsüßes Paprikapulver

2–3 Msp. Chilipulver

AUSSERDEM

100 g Bulgur (s. S. 38)

50 g Schafskäse (z. B. Feta)

200 g Joghurt

2 Stängel Minze

Salz – Pfeffer

1 rote Zwiebel

1 Mini-Gurke

2 Tomaten

1 Mini-Romana-Salat

4 eingelegte milde Peperoni

60 g schwarze Oliven

Hummus (nach Belieben, s. S. 96)

Pul biber (türkische Würzmischung mit Paprika oder Chiliflocken nach Belieben)

SO GEHT'S

1 Das Fleisch in dünne Scheiben schneiden. Den Knoblauch schälen, 1 Zehe in ein Schälchen pressen und mit 2 EL Olivenöl, ½ TL Kreuzkümmel, Oregano, Paprikapulver und Chiliflocken verrühren. Das Fleisch damit mischen und zugedeckt ziehen lassen (wer möchte bereitet es bereits einige Stunden vorher zu und mariniert es zugedeckt im Kühlschrank).

2 Bulgur, wie auf S. 39 beschrieben, garen. Inzwischen Schafskäse mit einer Gabel fein zerbröckeln und mit Joghurt mischen. Den Übrigen Knoblauch dazupressen. Die Minze waschen, trocken schütteln, Blättchen abzupfen, in feine Streifen schneiden und unterrühren. 3-4 EL Wasser unterrühren, bis eine dickflüssige Soße entstanden ist. Mit übrigem Kreuzkümmel, Salz und Pfeffer würzen.

3 Die Zwiebel schälen und in feine Ringe schneiden. Gurke waschen und kleine Würfel schneiden. Tomaten waschen und quer in Scheiben schneiden, dabei den Stielansatz entfernen. Den Salat putzen, waschen und die Blätter quer in Streifen schneiden.

4 Übriges Öl in einer beschichteten Pfanne erhitzen, darin das Fleisch bei großer Hitze in 3–4 Minuten unter Rühren braun braten. Salzen und pfeffern, vom Herd nehmen und kurz in der Pfanne ziehen lassen.

5 Den Bulgur auf die Schalen verteilen, darauf den Salat, Gurken und Tomaten mit den Zwiebelringen, Peperoni, Oliven und nach Belieben Hummus anrichten. Das Fleisch auf einer Seite daraufgeben und die Soße darüberträufeln. Nach Belieben mit Pul biber oder Chiliflocken bestreuen.

TIPP

Wer nicht so viel Gewürze im Vorrat hat und zusätzlich Zeit sparen möchte, würzt das Fleisch mit einer fertigen Gyrosgewürzmischung.

TIPP

Bei Piménton de la vera handelt es sich um gemahlene, geräucherte Paprikaschoten. Die Würzspezialität stammt aus Spanien und ist in mild (dulce) und scharf (picante) erhältlich – hier einfach nehmen, worauf man mehr Lust hat. Ansonsten geht auch anderes geräuchertes Chilipulver.

2 PORTIONEN

25 MINUTEN

HOT-PEPPER-STEAK-BOWL

ZUTATEN

FÜR DAS PAPRIKAGEMÜSE

je 1 gelbe und rote Paprikaschote

1 Knoblauchzehe

Salz – Pfeffer

1 TL gemahlener Kreuzkümmel

1 EL Honig

Saft von 1 Orange

½–¾ TL Pimentón de la vera (siehe Tipp)

AUSSERDEM

125 g Reis (s. S. 38)

Öl zum Braten

1 Dose schwarze Bohnen (400 g Füllgewicht)

2 Tomaten

1 Bund Koriandergrün

1 reife Avocado

1 Limette

6 Blätter Eisbergsalat

4 EL Sour Cream

1 Rindersteak (180 g)

1 ½ TL grob gemahlener Pfeffer

SO GEHT'S

1 Reis, wie auf S. 38 beschrieben, garen. Inzwischen Paprika halbieren, putzen, waschen und quer in 1 cm breite Streifen schneiden. Knoblauch schälen und halbieren, eine Hälfte fein hacken. Ausreichend Öl in einer beschichteten Pfanne erhitzen, darin Paprika bei großer Hitze 2–3 Minuten unter gelegentlichem Rühren braten, bis sie an den Rändern bräunen. Salzen, pfeffern, ½ TL Kreuzkümmel und Honig zugeben und aufkochen. Mit Orangensaft ablöschen, Pimentón de la vera unterrühren und zugedeckt bei kleiner Hitze 8–10 Minuten garen. 3–5 Minuten offen weitergaren, bis fast alle Flüssigkeit verdunstet ist.

2 Währenddessen Bohnen in ein Sieb abgießen, abtropfen lassen. Tomaten waschen, halbieren, Hälften in dünne Spalten schneiden, Stielansatz entfernen. Koriandergrün waschen, trocken schütteln, Blättchen abzupfen und fein hacken. Avocado halbieren, Kern und Schale entfernen, Hälften längs in Spalten schneiden. Limette halbieren, von 1 Hälfte den Saft auspressen und Avocado damit beträufeln. Andere Limettenhälfte in 4 Stücke schneiden.

3 Salat waschen, trocken schütteln. Blätter übereinanderlegen und quer in dünne Streifen schneiden. Sour Cream mit übrigem Kreuzkümmel und 2 TL Limettensaft verrühren. Übrigen Knoblauch dazupressen und die Creme mit Salz und Pfeffer abschmecken, etwa die Hälfte Koriandergrün unterrühren. Vom restlichen Koriandergrün etwa die Hälfte mit den Bohnen mischen.

4 Steak trocken tupfen und rundum im grob gemahlenen Pfeffer wenden, diesen andrücken. Öl in einer beschichteten Pfanne erhitzen, darin das Steak bei mittlerer Hitze in 5–7 Minuten beidseitig braten, vom Herd nehmen und kurz ziehen lassen.

5 Reis auf Schalen verteilen. Bohnen, Tomaten, Avocado und Salat darauf verteilen. Das Fleisch in Scheiben schneiden und darauflegen. Paprikagemüse daraufgeben. Sour Cream in die Mitte geben. Alles mit restlichem Koriandergrün bestreuen und mit Limettenstücken zum Beträufeln servieren.

2 PORTIONEN

25 MINUTEN

THAI-CHICKEN-BOWL

ZUTATEN

FÜR DIE WÜRZSOSSE

2 Stängel Zitronengras

15 g frischer Ingwer

2 rote Chilischoten

2 Limetten

2 TL brauner Zucker

4–5 EL Fischsoße

FÜR DAS FLEISCH

250 g Hähnchenbrustfilet

Öl zum Braten

Salz – Pfeffer

AUSSERDEM

120 g dünne Reisnudeln

1 Möhre

1 Bio-Mini-Gurke

6 Blätter Romana-Salat

2 Stängel Minze

½ Bund Koriandergrün

3 EL geröstete gesalzene Erdnusskerne

SO GEHT'S

1 Vom Zitronengras den Strunk unten und den oberen Teil wegschneiden – es sollten 6–8 cm übrig bleiben. Dieses Stück längs vierteln und die Viertel winzig fein hacken. Ingwer schälen und fein würfeln. Chilischoten waschen, halbieren, entkernen und die Hälften fein hacken. 6 EL Limettensaft von den Limetten auspressen (ca. 1 ½ Limetten, restliche Limette in Spalten schneiden) und mit Zucker, Fischsoße, Chili, Ingwer und Zitronengras verrühren.

2 Reisnudeln nach Packungsanleitung garen, in ein Sieb abgießen, kalt abbrausen und abtropfen lassen. Inzwischen die Möhre schälen, putzen und in feine Streifen (Julienne) hobeln. Gurke waschen, putzen, längs vierteln und die Viertel in feine Stücke schneiden. Salat waschen, trocken schütteln, Blätter übereinanderlegen und in feine Streifen schneiden. Minze und Koriandergrün waschen, trocken schütteln, Blättchen abzupfen und nicht zu fein hacken. Erdnüsse grob hacken.

3 Das Hähnchenfleisch kalt abbrausen, trocken tupfen und ganz fein schnetzeln bzw. fein hacken (am besten mit einem großen schweren Messer). Ausreichend Öl in einer beschichteten Pfanne erhitzen, darin das Fleisch bei mittlerer bis großer Hitze unter Rühren braten, bis es leicht bräunt. Salzen, pfeffern, dann die Würzsoße zugeben, durchrühren und vom Herd nehmen. Gut die Hälfte der Kräuter unterrühren.

4 Währrenddessen die Nudeln auf Schalen verteilen, Möhre, Salat und Gurke darauf anrichten. Das Fleisch samt Dressing auf die Schalen geben. Alles mit den übrigen Kräutern und Erdnüssen bestreuen und die Limettenspalten zum Beträufeln dazu reichen.

2 PORTIONEN

25 MINUTEN

HAPPY-SHRIMP-BOWL

ZUTATEN

FÜR DIE SHRIMPS

180 g küchenfertige Garnelen

2–3 EL Sojasoße

1 TL Chilisoße (z. B. Sriracha)

Öl zum Braten

FÜR DAS KOKOS-KORIANDER-DRESSING

2 EL Kokosraspel

40 g Koriandergrün

20 g Minze

1 Knoblauchzehe

1 grüne Chilischote

2 EL Limettensaft

3 EL neutrales Öl

Salz – Pfeffer

Zucker

AUSSERDEM

100 g breite Reisnudeln

100 g Zuckerschoten

1 kleine reife Mango

1 Möhre

3 Radieschen

2 Frühlingszwiebeln

SO GEHT'S

1. Für das Dressing Kokosraspel mit 80 ml kochend heißem Wasser übergießen und 10–15 Minuten quellen lassen. Inzwischen Koriandergrün und Minze waschen, trocken schütteln, Blätter abzupfen und zerschneiden. Knoblauch schälen und grob hacken, Chilischote waschen, Stiel entfernen und die Schote mit den Kernen grob hacken. Alles mit Kokosraspeln samt Wasser, Limettensaft, Öl, Salz, Pfeffer und knapp ½ TL Zucker fein pürieren.

2. Gleichzeitig die Reisnudeln nach Packungsanweisung zubereiten. Während die Nudeln garen, die Zuckerschoten waschen, Enden wegschneiden, die Schoten übereinanderlegen und längs, leicht quer in schmale Streifen schneiden. Die Schoten in eine Schüssel geben. Die Reisnudeln über den Zuckerschoten in ein Sieb abgießen, sodass die Schoten mit heißem Wasser übergossen sind. Die Zuckerschoten 1–2 Minuten im heißen Wasser ruhen lassen, dann ebenfalls in ein Sieb abgießen.

3. Inzwischen Mango schälen, das Fruchtfleisch erst schräg vom Stein, dann in ca. 1 cm große Würfel schneiden. Möhre schälen, putzen und in schmale Streifen (Julienne) hobeln. Radieschen waschen, putzen und in dünne Scheiben schneiden. Frühlingszwiebeln waschen, trocken schütteln und mit dem Grün schräg in dünne Ringe schneiden.

4. Garnelen kalt abspülen und gut trocken tupfen. Reichlich Öl in einem Wok erhitzen. Die Garnelen darin unter Rühren braten, bis sie sich rosa färben. Mit Soja- und Chilisoße ablöschen und unter Rühren bei mittlerer Hitze noch 1–2 Minuten weiterbraten. Vom Herd nehmen und kurz ziehen lassen.

5. Inzwischen die Reisnudeln auf Schalen verteilen, Möhren, Zuckerschoten, Radieschen und Mango darauf anrichten und mit dem Kokos-Koriander-Dressing beträufeln, Garnelen obenauf legen und alles mit Frühlingszwiebeln bestreuen.

2 PORTIONEN

30 MINUTEN

RANCHERO-STEAK-BOWL

ZUTATEN

FÜR DAS PAPRIKAGEMÜSE

2 rote Paprika

1 Limette

2 EL Sojasoße

½ EL brauner Zucker

1 Knoblauchzehe

Salz – Pfeffer

½ TL gemahlener Kreuzkümmel

⅓ TL Chilipulver

Öl zum Braten

FÜR DIE GUACAMOLE

1 reife Avocado

½ Limette

1 Frühlingszwiebel

1 Tomate

Salz – Pfeffer

2–3 Msp. Chilipulver

⅓ TL gemahlener Kreuzkümmel

AUSSERDEM)

120 g Reis (s. S. 38)

4 Blätter Eisbergsalat

1 Rindersteak (ca. 220 g)

Blitz-Curtido (s. S. 80, nach Belieben)

gehacktes Koriandergrün zum Bestreuen (nach Belieben)

SO GEHT'S

1 Den Reis, wie auf S. 38 beschrieben, zubereiten. Den Eisbergsalat waschen, die Blätter trocken schütteln, übereinander legen und in feine Streifen schneiden.

2 Für die Guacamole Avocado halbieren, Kern entfernen, das Fruchtfleisch aus der Schale löffeln. Limettensaft auspressen und sofort mit der Avocado mischen. Knoblauch schälen und dazupressen. Frühlingszwiebel waschen, trocken schütteln, den grünen Teil in feine Ringe schneiden, den weißen Teil längs vierteln und fein hacken. Avocado mit einer Gabel zermusen und dabei die übrigen Zutaten untermengen. Mit Salz, Pfeffer, Chilipulver und Kreuzkümmel würzen.

3 Für das Paprikagemüse die Paprika halbieren, putzen, waschen und längs in schmale Streifen schneiden. Den Limettensaft auspressen, mit Sojasoße und Zucker verrühren. Knoblauch schälen und dazupressen. Mit Salz, Pfeffer, Kreuzkümmel und Chilipulver würzen. Ausreichend Öl in einer beschichteten Pfanne erhitzen, Paprika hineingeben und bei großer Hitze 2–3 Minuten unter Rühren braten. Bei mittlerer Hitze weitere 2–4 Minuten braten, bis sie dunkle Ränder haben, dabei immer wieder etwas Limettensaftwürzmischung zugeben, bis diese aufgebraucht ist. Vom Herd nehmen, warm halten.

4 Gleichzeitig eine weitere (Grill-)Pfanne erhitzen und mit etwas Bratöl auspinseln. Das Steak jeweils ca. 2 Minuten auf beiden Seiten darin anbraten, dann bei mittlerer Hitze in 5–6 Minuten fertig garen. Vom Herd nehmen, kurz ruhen lassen, salzen und quer in dünne Streifen schneiden.

5 Den Reis auf Schalen verteilen, darauf Eisbergsalat, Guacamole, Paprikagemüse und nach Wunsch Curtido geben. Die Steakstreifen darauf anrichten, mit Pfeffer übermahlen und nach Belieben alles mit Koriandergrün bestreuen.

BLITZ-KIMCHI

ZUTATEN

1 Chinakohl (ca. 500 g)

120 g grobes Meersalz

1 Zwiebel

5 Knoblauchzehen

15 g frischer Ingwer (3 cm)

½ Apfel

125 ml kalte Gemüsebrühe

4 EL Sojasoße

1 EL Zucker

60 g Gochugaru (koreanisches Chilipulver, aus dem Asienladen)

Salz

SO GEHT'S

1 Vom Chinakohl den Strunk wegschneiden. Die Blätter waschen, abtropfen lassen, dann quer in ca. 5 cm lange Stücke schneiden, dabei große Blätter zuerst längs durch die Blattrippe halbieren. In einem großen Topf 1 l Wasser mit dem Meersalz unter Rühren aufkochen, bis sich das Salz gelöst hat.

2 Den Topf mit Salzwasser vom Herd nehmen, Chinakohl sofort ins kochend heiße Wasser geben und 10 Minuten darin ziehen lassen. Dann die Blätter gut durchrühren (damit alle richtig gut mit Wasser bedeckt sind) und weitere 10 Minuten ziehen lassen. Der Kohl sollte nun richtig weich und biegsam sein. Die Kohlblätter in ein Sieb abgießen. Im Waschbecken in kaltem Wasser gründlich wässern, dabei evtl. das Wasser einmal komplett wechseln. In einem Sieb abtropfen lassen und trocken tupfen.

3 Inzwischen Zwiebel, Knoblauch und Ingwer schälen und grob zerschneiden. Den Apfel waschen, halbieren, grob zerschneiden und dabei das Kerngehäuse entfernen. Alles mit der Gemüsebrühe fein pürieren. Das Püree in eine Schüssel geben, Sojasoße, Zucker und nach und nach so viel Chilipulver unterrühren, wie man es als angenehm scharf empfindet.

4 Die Chilipaste gut mit dem Chinakohl vermengen und richtig mit den Händen „einmassieren" (dazu Gummihandschuhe tragen). Eventuell nochmals mit Chilipulver, Salz und evtl. Zucker oder Sojasoße abschmecken. Das Kimchi am besten noch ein paar Stunden im Kühlschrank durchziehen lassen. Wer will, kann es aber auch sofort essen – es hält sich (am besten in einem verschließbaren Bügelglas) gut 1 Woche im Kühlschrank.

TIPP

Im Gegensatz zu normalem Kimchi, das mehrere Tage angesetzt gären und anschließend „reifen“ muss, ist diese Variante noch am gleichen Tag essbar. Allerdings hält sie sich nicht so lang wie fermentiertes Kimchi. Macht aber nichts – es schmeckt so lecker, dass es sicher schnell aufgebraucht ist!

2 PORTIONEN

10 MINUTEN

HAPPY-S(E)OUL-BOWL

ZUTATEN

FÜR DAS FLEISCH

1 Knoblauchzehe

15 g frischer Ingwer

4 Frühlingszwiebeln

250 g mageres Rinderhackfleisch

2 TL Gochujang-Paste (s. Tipp, S. 54)

2–3 EL Sojasoße

AUSSERDEM

125 g Reis (s. S. 38)

1 Süßkartoffel (ca. 300 g)

3 Kräuterseitlinge

Salz – Pfeffer

4 Radieschen

50 g Baby-Spinat

1 Portion **Blitz-Kimchi** (s. S. 108)

Öl zum Braten

SO GEHT'S

1 Den Reis, wie auf S. 38 beschrieben, garen. Den Grill des Backofens auf höchster Stufe vorheizen, dabei ein Blech miterhitzen. Währenddessen die Süßkartoffel mit dem Sparschäler schälen, putzen und quer in 2–3 mm dicke Scheiben schneiden. Kräuterseitlinge sauber reiben und der Länge nach in ca. 5 mm dicke Scheiben schneiden. Das gesamte Gemüse mit 2–3 EL Öl mischen, sodass es ringsum benetzt ist, dann salzen und pfeffern.

2 Das heiße Blech vorsichtig aus dem Ofen nehmen und zügig 2–3 EL Öl darauf verteilen. Süßkartoffel und Pilze zügig daraufgeben und flach verteilen, dann das Blech sofort wieder in den Ofen einschieben (oben) und alles unter dem heißen Grill 10 Minuten garen, dabei zwischendurch einmal wenden.

3 Inzwischen die Radieschen waschen, putzen und in Scheiben schneiden, den Spinat waschen, verlesen und trocken schleudern. Für das Hackfleisch Knoblauch und Ingwer schälen und fein hacken. Die Frühlingszwiebeln putzen, waschen, trocken schütteln. 3 davon samt dem Grün in dickere Ringe, 1 Frühlingszwiebel in ganz feine Ringe schneiden.

4 In einer beschichteten Pfanne 2 EL Bratöl erhitzen, darin Knoblauch und Ingwer kurz andünsten. Dann das Hackfleisch zugeben und bei großer Hitze krümelig braun braten, dabei zwischendurch mit einem Holzlöffel zerteilen. Sobald es durchgebraten ist, Gochujang-Paste und Sojasoße unterrühren, dann weitere 2–3 Minuten braten. Zuletzt die dick geschnittenen Frühlingszwiebelringe unterrühren und vom Herd nehmen.

5 Reis auf Schalen verteilen, darauf das Hackfleisch geben. Spinat, Radieschen, Kräuterseitlinge, Süßkartoffel und nach Belieben etwas Kimchi darauf verteilen und mit den fein geschnittenen Lauchzwiebelringen bestreuen.

TIPP

Shichimi togarashi ist eine japanische Gewürzmischung aus Chilis, Shanso-Pfeffer, getrockneten Zitrusfruchtschalen, Sesam und Nori-Algen als Hauptbestandteile. Es steht ähnlich wie Salz und Pfeffer auf Restauranttischen und wird als scharfe Allroundwürze geschätzt. Man bekommt es in Asiengeschäften. Wer möchte, kann stattdessen auch 1–2 TL geröstetes Sesamöl über alles träufeln und eventuell noch Sesamsamen und Chiliflocken darüberstreuen.

2 PORTIONEN

25 MINUTEN

TOKIO-TUNA-BOWL

ZUTATEN

FÜR DAS ASIA-GEMÜSE

1 (rote) Möhre

1 kleine Süßkartoffel (ca. 200 g)

2 EL Sake (ersatzweise trockener Sherry)

1 TL Zucker

1 ½ EL Sojasoße

75 ml Gemüsebrühe

1 TL geröstetes Sesamöl

Öl zum Braten

AUSSERDEM

125 g Reis (s. S. 38) oder ½ Portion Sushi-Reis (s. S. 118)

1 feste Kaki oder Sharon

1 Kästchen Radieschen- oder Shiso-Kresse

200 g Thunfischfilet

Salz – Pfeffer

Ingwer-Gurken (nach Belieben, s. S. 66)

Shichimi togarashi (nach Belieben, siehe Tipp)

SO GEHT'S

1 Den Reis, wie auf S. 38 beschrieben, zubereiten bzw. Sushi-Reis wie auf s. S. 118. Kaki waschen und quer in dünne Scheiben schneiden. Radieschen- oder Shiso-Kresse waschen, trocken schütteln und vom Beet schneiden.

2 Für das Gemüse Möhre und Süßkartoffel schälen, beides erst quer in ca. 6 cm dicke Stücke schneiden. Die Stücke längs in 2–3 mm dünne Scheiben, diese dann in ca. 2–3 mm dicke Stifte schneiden. Sake oder Sherry, Zucker und Sojasoße verrühren. In einer kleinen beschichteten Pfanne wenig Öl erhitzen. Das Gemüse darin bei großer Hitze anbraten, bis es leicht zu bräunen beginnt. Dann mit der Würzsoße ablöschen. Etwa ein Drittel Brühe zugießen und alles offen bei kleiner bis mittlerer Hitze 4–5 Minuten schmoren lassen. Dabei nach und nach den Rest Brühe unterrühren, damit nichts anbrennt. Am Ende sollte die Flüssigkeit fast vollständig verdunstet sein und das Gemüse noch leicht Biss haben. Das Sesamöl unterrühren und mit Salz abschmecken, warm halten.

3 Den Thunfisch trocken tupfen, salzen und pfeffern. Ausreichend Öl in einer beschichteten Pfanne erhitzen, darin den Thunfisch rundum auf allen Seiten etwa 30 Sekunden bei großer Hitze anbraten. Herausnehmen und in Scheiben schneiden.

4 Den Reis auf Schalen verteilen. Kaki bzw. Sharon, Radieschen- oder Shiso-Kresse darauflegen, daneben den Thunfisch, Möhren-Süßkartoffelgemüse und nach Belieben die Ingwer-Gurken platzieren. Alles nach Belieben mit Shichimi togarashi bestreuen oder mit etwas Sesamöl beträufeln.

COOLE BOWLS

2 PORTIONEN

20 MINUTEN

NORDIC-SEA-BOWL

ZUTATEN

FÜR DIE ROTE BETE

2 vorgegarte Rote Beten (ca. 300 g)

1 Schalotte

1 TL Johannisbeergelee

2 TL körniger Senf

1 EL Weißweinessig

2 EL Sonnenblumenöl

Salz – Pfeffer

3 Zweige Dill

FÜR DIE DILLCREME

4 EL Schmand

2 EL saure Sahne

1 TL körniger Senf

Salz – Pfeffer

2-3 Spritzer Zitronensaft

½ Bund Dill

AUSSERDEM

125 g Zartweizen

2 Eier (Größe M)

1 Mini-Gurke

4 Radieschen

150 g Gravad Lachs oder Räucherlachs in Scheiben

SO GEHT'S

1 Den Zartweizen nach Packungsanweisung garen und quellen lassen. Gleichzeitig die Eier in kochendem Wasser 8 Minuten garen, kalt abschrecken, abkühlen lassen (evtl. in kaltem Wasser), anschließend pellen.

2 Währenddessen die Rote Bete grob raspeln oder in kleine Würfel schneiden. Schalotte schälen und fein würfeln. Johannisbeergelee, Senf, Essig und Öl mischen, salzen und pfeffern und mit der Roten Bete mischen. Dill waschen, trocken schütteln, Spitzen abzupfen, fein hacken und ebenfalls untermischen.

3 Den Schmand mit saurer Sahne und Senf glatt rühren. Mit Salz, Pfeffer und Zitronensaft abschmecken. Den Dill waschen, trocken schütteln, Spitzen abzupfen, fein hacken und unterrühren. Gurke waschen, putzen, längs in knapp 1 cm breite Scheiben, diese längs in 1 cm breite Streifen, diese wiederum in kleine Würfel schneiden. Die Radieschen waschen, putzen und in dünne Scheiben schneiden.

4 Den Zartweizen auf zwei Schalen verteilen, Rote Bete, Gurke, Radieschen und Lachsscheiben darauf verteilen. Die Eier längs halbieren und daraufsetzen, die Dillcreme zu den Eiern geben. Wer möchte und noch Dill übrig hat, bestreut alles mit feingehacktem Dill.

SUSHI-REIS – COOLE BOWLBASIS

ZUTATEN

FÜR 4 PORTIONEN/ SCHALEN

250 g Sushi-Reis

3 EL Reisessig

2 EL Zucker

1 TL Salz

SO GEHT'S

1 Den Reis in eine große Schüssel geben und reichlich kaltes Wasser einlaufen lassen. Den Reis vorsichtig mit den Händen durchrühren, nicht zu fest, sonst brechen die Reiskörner. Sobald das Wasser milchig weiß ist, den Reis in ein Sieb abgießen und abtropfen lassen, wieder in die Schüssel geben und nochmals wässern. Diesen Vorgang zwei- bis fünfmal wiederholen, bis das Wasser fast klar bleibt. Nach dem letzten Waschgang den Reis in die Schüssel geben, Wasser zugeben und den Reis darin 30 Minuten quellen lassen.

2 Den nun bereits leicht gequollenen Reis in ein Sieb abgießen und nochmals mit kaltem Wasser abbrausen und abtropfen lassen. Den Reis mit 275 ml Wasser in einen Topf geben – der Topf sollte möglichst weit sein, damit der Reis auf breiter Fläche garen kann. Liegt zu viel Reis in einem schmalen Topf übereinander, bleibt die oberste Schicht im schlimmsten Fall hart und die untere wird matschig. Alles zugedeckt bei großer Hitze 1–2 Minuten aufkochen lassen, dann Hitze reduzieren und bei möglichst kleiner Hitze zugedeckt 10 Minuten garen, dabei den Topfdeckel geschlossen halten.

3 Den Topf anschließend vom Herd nehmen, den Deckel abnehmen. Ein sauberes Geschirrtuch über den Topf legen und den Reis so zugedeckt 15 Minuten auskühlen lassen. Währenddessen Essig, Zucker und Salz in einen kleinen Topf geben und unter Rühren erhitzen, bis sich der Zucker und das Salz vollständig aufgelöst haben, dann vom Herd nehmen und abkühlen lassen.

4 Den Reis in eine möglichst breite flache Schüssel mit höherem Rand geben und den Reis vorsichtig darin verteilen. Essigmischung über den handwarmen Reis träufeln und mit einem breiten Holzspatel verteilen: dazu immer wieder vorsichtig, ohne den Reis zu drücken oder umzurühren, diagonale Linien durch den Reis ziehen – er sollte möglichst locker bleiben. Den Reis vollständig abkühlen lassen. Lässt man ihn bis zum Verarbeiten noch länger stehen, unbedingt ein feuchtes Geschirrtuch über die Schüssel legen, damit der Reis darin nicht austrocknet.

2 PORTIONEN

25 MINUTEN (PLUS ZUBEREITUNG SUSHI-REIS)

RAINBOW-POKÉ-BOWL

ZUTATEN

FÜR DIE POKÉ

200 g ganz frisches Lachsfilet (siehe Tipp S. 139)

1 TL Sesam

2 Frühlingszwiebeln

4 EL Sojasoße

½ TL Honig

1 ½ EL Reisessig

3 EL geröstetes Sesamöl

1 TL Chilisoße (aus dem Asienladen)

AUSSERDEM

½ Portion Sushi-Reis (s. S. 118)

1 Bio-Mini-Gurke

Salz

100 g tiefgefrorene, ausgelöste Edamame (s. S. 40)

80 g Rotkohl

1 Möhre

1 reife Avocado

1 Handvoll Baby-Leaves

1 EL Nori-Algenflocken oder -streifen

SO GEHT'S

1 Das Lachsfilet in ca. 1 cm große Würfel schneiden. Sesam in einer Pfanne ohne Fett rösten, bis er duftet, dann abkühlen lassen. Frühlingszwiebeln waschen, putzen und mit dem Grün in ganz feine Ringe schneiden. Ein paar grüne Frühlingszwiebelringe beiseitelegen, den Rest mit 3 EL Sojasoße, Honig, ½ EL Reisessig, 2 EL Sesamöl und Chilisoße gründlich verrühren und anschließend mit Lachs und ca. Dreiviertel der Sesamsamen vermengen. Zugedeckt im Kühlschrank ziehen lassen.

2 Gurke waschen und in dünne Scheiben schneiden, mit 1 Prise Salz verkneten und ziehen lassen. Übrigen Reisessig, übrige Sojasoße und ¼ TL Zucker verrühren, dann übriges Sesamöl unterrühren. In einem Topf ausreichend Wasser erhitzen, salzen, darin die gefrorenen Edamame in 8–10 Minuten garen, in ein Sieb abgießen, kalt abschrecken und abtropfen lassen.

3 Währenddessen den Rotkohl waschen, putzen und fein hobeln, mit 1 Prise Salz leicht mit den Händen durchkneten, bis er spürbar weicher wird. Möhre schälen und in feine Stifte (Julienne) schneiden oder hobeln. Avocado längs halbieren, Kern und Schale entfernen und das Fruchtfleisch längs in schmale Scheiben schneiden. Baby-Leaves waschen, verlesen und trocken schleudern.

4 Die Gurke leicht mit den Händen ausdrücken und mit dem Dressing mischen. Die Hälfte der Nori-Algen unter den Lachs mischen. Reis auf zwei Schalen verteilen. Lachs-Poké, Edamame, Rotkohl, Möhre, Gurkensalat und Avocado darauf anrichten. Alles mit beiseitegelegten Frühlingszwiebelringen, übrigem Sesam und Algen bestreuen.

2 PORTIONEN

25 MINUTEN

HOT-MANGO-TUNA-BOWL

ZUTATEN

FÜR DIE POKÉ

1 EL Sesam

250 g ganz frisches Thunfischfilet

2 Frühlingszwiebeln

4 EL Sojasoße

¾ TL Chilisoße (Sriracha)

1 EL geröstetes Sesamöl

FÜR DAS MANGODRESSING

1 kleine reife Mango (ca. 350 g)

15 g frischer Ingwer

2 Limetten

1 EL Weißweinessig

1–2 TL brauner Zucker – Salz

2–3 Msp. Chiliflocken

2 EL gehacktes Koriandergrün

AUSSERDEM

½ Portion Sushi-Reis (s. S. 118)

100 g Rotkohl

1 Möhre

4 Radieschen

1 kleine gelbe Spitzpaprikaschote

SO GEHT'S

1 Den Sesam in einer Pfanne ohne Fett rösten, bis er duftet, abkühlen lassen. Thunfisch kalt abbrausen und mit Küchenpapier trocken tupfen, dann in ca. 1 cm große Würfel schneiden. Frühlingszwiebeln waschen, putzen, den weißen Teil längs halbieren und in feine Stücke schneiden, das Grün in feine Ringe schneiden. Sojasoße, Sriracha und Sesamöl verrühren, Thunfisch, Sesamsamen, weiße Zwiebelstücke und einen Großteil des Zwiebelgrüns untermischen und ziehen lassen.

2 Währenddessen Mango schälen, vom Stein schneiden und das Fruchtfleisch grob zerschneiden. Ingwer schälen und fein würfeln, Limettensaft auspressen. Das Mangofleisch mit Ingwer, gut der Hälfte Limettensaft, Essig und Zucker (je nach Süße der Mango mehr oder weniger) fein pürieren. Mit Salz und Chiliflocken würzen. Koriandergrün unterrühren und die Soße mit übrigem Limettensaft und evtl. Zucker abschmecken.

3 Den Rotkohl waschen, Strunk wegschneiden und den Kohl fein hobeln. 1 Prise Salz dazugeben und mit den Händen kneten, bis er weicher wird (dazu Gummihandschuhe tragen, er färbt). Die Möhre schälen, putzen und in feine Streifen (Julienne) hobeln. Radieschen waschen, putzen und in dünne Scheiben schneiden. Paprika längs halbieren, putzen, waschen und quer in dünne Streifen schneiden.

4 Den Reis auf Schalen verteilen, das Gemüse darauf legen und die Mangosoße darübergießen. Thunfischpoké in die Mitte geben und alles mit übrigem Zwiebelgrün bestreuen.

2 PORTIONEN

25 MINUTEN

SPICY-TUNA-POKÉ-BOWL

ZUTATEN

FÜR DIE POKÉ

300 g ganz frisches Thunfischfilet

1 ½ EL Sojasoße

1 TL Sesamöl

1 kleine rote Zwiebel

FÜR DIE HOT-SOSSE

100 g **Mayonnaise** (s. S. 126 oder aus dem Glas)

1 ½ – 2 EL Chilisoße (z. B. Sriracha)

1 EL Limettensaft

Salz – Pfeffer

AUSSERDEM

100 g Reis oder ½ Portion Sushi-Reis (s. S. 38 oder S. 118)

100 g tiefgefrorene, ausgelöste Edamame

1 Avocado

1 TL Limettensaft

1 Pfirsich

50 g Baby-Spinat

3 EL geröstete gesalzene Cashewnusskerne

2 EL (schwarzer) Sesam (nach Belieben)

SO GEHT'S

1 Den Reis wie auf S. 38 zubereiten, alternativ den Sushi-Reis wie auf S. 118 zubereiten und abkühlen lassen.

2 Den Thunfisch kalt abspülen und trocken tupfen, dann in knapp 1 cm große Würfel schneiden. Mit Sojasoße und Sesamöl mischen. Die Zwiebel waschen und in Würfel schneiden, untermischen. Zugedeckt im Kühlschrank ziehen lassen.

3 Inzwischen die Edamame in ausreichend kochendem Salzwasser 8–10 Minuten bei mittlerer Hitze garen. Anschließend in ein Sieb abgießen, kalt abbrausen und abtropfen lassen. Die Avocado halbieren, Kern und Schale entfernen, das Fruchtfleisch in Würfel schneiden. Sofort mit Limettensaft mischen, damit es nicht braun wird. Pfirsich waschen, halbieren, den Kern entfernen und die Hälften in schmale Spalten schneiden. Dann den Baby-Spinat verlesen, waschen und trocken schleudern. Cashewkerne grob hacken. Den Sesam nach Belieben in einer Pfanne ohne Fett rösten, bis er duftet, dann abkühlen lassen.

4 Die Mayonnaise mit Sriracha und Limettensaft verrühren, dabei erst nach und nach die Chilisoße unterrühren und je nach persönlichem Schärfeempfinden mehr davon einrühren, dann mit Salz und Pfeffer abschmecken. Wer eine flüssigere Soße möchte, rührt noch etwas Wasser oder Orangensaft unter.

5 Den Reis auf Schalen verteilen, Spinat, Thunfisch, Edamame und Pfirsiche darauf verteilen, Cashewkerne darüberstreuen. Alles mit Chili-Mayonnaise beträufeln und nach Wunsch mit Sesamsamen bestreuen.

MAYONNAISE

ZUTATEN

2 ganz frische Eigelbe (Größe M)

1 TL Dijon-Senf

1–2 TL Weißweinessig

1–2 TL Zitronensaft

Salz – Pfeffer

Zucker

180–220 ml Sonnenblumen- oder Olivenöl

SO GEHT'S

1 Die Zutaten alle rechtzeitig aus dem Kühlschrank nehmen – sie sollten alle etwa die gleiche (Zimmer-)Temperatur haben. Die Eigelbe in ein hohes Mixgefäß geben, Dijon-Senf, je 1 TL Essig und Zitronensaft, Salz, Pfeffer und 1 Prise Zucker zugeben.

2 Nun alles mit dem Pürierstab einmal durchmixen. Dann das Öl tröpfchenweise dazugeben und jeweils immer gut untermixen. Sobald die Masse beginnt anzudicken, das Öl in dünnem Strahl zulaufen lassen, dabei den Pürierstab immer von unten nach oben ziehen und weitermixen. So lange Öl zulaufen lassen, bis die gewünschte Konsistenz erreicht ist. Die fertige Mayonnaise anschließend mit restlichem Essig und Zitronensaft, Salz, Pfeffer und eventuell nochmals Zucker abschmecken.

TIPP

Wer möchte, kann die Mayonnaise auch mit einem ganzen Ei, also Eiweiß und Eigelb herstellen - das funktioniert genauso gut. Leichter wird die Mayonnaise, wenn man unter die fertige Creme zusätzlich Joghurt oder saure Sahne rührt. Mit frischen Kräutern, mehr Knoblauch, Wasabi (s. S. 138/139) oder Chilisoße (s. S. 124/125) lässt sich Mayonnaise immer wieder neu verwandeln und gibt so Pep auf jeder Bowl.

VEGANE SOJANESE

ZUTATEN

80 ml ungesüßter Sojadrink

1 kleine Knoblauchzehe

¾ TL gekörnte Instant-Gemüsebrühe (Pulver)

1 TL Dijon-Senf

2–3 EL Orangensaft

125–180 ml Sonnenblumenöl

1 TL Weißweinessig

1 TL Ahornsirup oder 2–3 Prisen Zucker

Salz – Pfeffer

2 Msp. Chilipulver

SO GEHT'S

1 Die zimmerwarme Sojamilch in ein hohes Mixgefäß geben, Knoblauch schälen, grob zerschneiden und mit Gemüsebrühe, Senf und 3 Spritzern Orangensaft zur Sojamilch geben. Alles kräftig mit dem Pürierstab durchmixen. Dann das Öl tröpfchenweise zugeben und ständig weitermixen, dabei den Pürierstab immer von oben nach unten führen. Sobald die Milch andickt, weiter von dem Öl in dünnem Strahl zugießen und weitermixen, bis die gewünschte Konsistenz erreicht ist.

2 Zuletzt den Essig, Ahornsirup oder Zucker untermixen. Mit Salz, Pfeffer und Chilipulver würzen und mit dem restlichem Orangensaft abschmecken.

3 Nach Wunsch Sojajoghurt unterrühren – es macht die Sojanese etwas leichter und gibt ihr zusätzlich eine schöne Konsistenz.

TIPP

Ebenso wie normale Mayonnaise lässt sich auch Sojanese mit 2–3 EL Sojajoghurt nicht nur „strecken“ und etwas leichter machen, sondern bekommt damit zusätzlich eine schöne Konsistenz. Wer will, kann anstelle von Sojamilch auch Mandeldrink, Hafermilch oder sogar Kokosmilch verwenden. Wer seine Mayonnaise nicht unbedingt vegan, sondern nur ohne rohes Ei will, kann auch normale Kuhmilch nehmen – diese sollte dann wie alle anderen Milcharten zimmerwarm sein.

2 PORTIONEN

10 MINUTEN (+ ZUBEREITUNG SUSHI-REIS)

MISCHPOKÉ-BOWL

ZUTATEN

FÜR DIE POKÉ

100 g ganz frisches Lachsfilet (siehe Tipp S. 139)

100 g ganz frisches Thunfischfilet (siehe Tipp S. 139)

100 g gegarte Shrimps (oder Surimi)

2 Frühlingszwiebeln

2 EL Sojasoße

1 TL geröstetes Sesamöl

FÜR DAS HONIG-SENF-DRESSING

6 EL Dijon-Senf

3 EL Honig

1 ½ EL Weißweinessig

3 EL Orangensaft

2 Spritzer Chilisoße (z. B. Sriracha)

Salz – Pfeffer

AUSSERDEM

½ Portion Sushi-Reis (s. S. 118)

100 g tiefgefrorene, ausgelöste Edamame

½ Charentais-Melone

80 g Heidelbeeren

50 g Baby-Mangoldblätter

40 g geröstete gesalzene Macadamianusskerne

SO GEHT'S

1 Den Sushi-Reis, wie auf S. 118 beschrieben, zubereiten und abkühlen lassen.

2 Lachs und Thunfisch kalt abspülen und trocken tupfen, dann in knapp 1 cm große Würfel schneiden. Garnelen kalt abbrausen und abtropfen lassen. Die Frühlingszwiebeln putzen, waschen, trocken schütteln, den weißen Teil längs vierteln und in feine Stücke schneiden und mit 1 EL Sojasoße und Sesamöl mischen und mit Fisch und Garnelen vermengen. Zugedeckt im Kühlschrank ziehen lassen.

3 Inzwischen die Edamame in ausreichend kochendem Salzwasser 8–10 Minuten bei mittlerer Hitze garen. Anschließend in ein Sieb abgießen, kalt abbrausen und abtropfen lassen. Die Kerne aus der Melone entfernen, Melone in Spalten schneiden. Das Fruchtfleisch von der Schale schneiden, würfeln, die Heidelbeeren waschen und trocken tupfen. Baby-Mangold waschen und trocken schleudern. Die Macadamianüsse grob hacken.

4 Den Senf mit Honig, Essig, Orangensaft, Chilisoße und der übrigen Sojasoße verrühren. Mit Salz und Pfeffer würzen. Reis auf Schalen verteilen, Mangoldblätter, Fisch-Garnelen-Mischung, Edamame, Melone und Heidelbeeren darauf verteilen und alles mit Macadamianüssen bestreuen. Mit der Honig-Senf-Soße servieren und diese vor dem Essen untermischen.

2 PORTIONEN

20 MINUTEN (PLUS ZUBEREITUNG SUSHI-REIS)

YES-WE-CAN-TUNA-POKÉ-BOWL

ZUTATEN

FÜR DIE DOSENTHUNFISCH-POKÉ

2 Dosen Thunfisch im eigenen Saft (à ca. 130 g Abtropfgewicht)

1 kleine rote Zwiebel

10 g frischer Ingwer

½ kleines Bund Koriandergrün

1 EL Reisessig

1 EL Zitronensaft

2 EL Sojasoße

Zucker

Salz – Pfeffer

Chiliflocken

AUSSERDEM

½ Portion Sushi-Reis (s. S. 118)

1 EL Sesam

150 g Kirschtomaten

1 Mini-Gurke

1 Bund Rucola

1 Avocado

1 TL Zitronensaft

½ kleines Bund Koriandergrün

Süß-saure Radieschen (s. S. 67, nach Belieben)

SO GEHT'S

1 Den Thunfisch in ein feines Sieb abgießen und abtropfen lassen. Anschließen den Thunfisch mit einer Gabel grob zerpflücken. Die Zwiebel schälen, quer halbieren und in feine Ringe schneiden. Ingwer schälen und möglichst fein würfeln, das Koriandergrün waschen, trocken schütteln, Blättchen abzupfen und grob hacken. Den Ingwer mit Essig, Zitronensaft und Sojasoße verrühren, mit 2-3 Prisen Zucker, Salz, Pfeffer und 2–3 Msp. Chiliflocken würzen. Das Dressing mit dem Thunfisch und etwa der Hälfte der Zwiebelringe mischen und ziehen lassen.

2 Sesam in einer Pfanne rösten, bis die Samen duften und leicht knistern, abkühlen lassen. Kirschtomaten waschen und halbieren. Die Gurke waschen, putzen und in Scheiben schneiden. Rucola waschen, trocken schütteln, grobe Stiele entfernen und die Blätter evtl. kleiner zupfen. Avocado schälen, längs halbieren, Kern und Schale entfernen und das Fruchtfleisch in Würfel schneiden. Diese sofort in Zitronensaft wenden, damit sie nicht braun werden. Das Koriandergrün waschen, trocken schütteln, Blättchen abzupfen und grob hacken.

3 Reis auf Schalen verteilen. Thunfisch auf eine Seite geben, Gurke, Tomate, Rucola, Avocado, nach Belieben süß-saure Radieschen und die übrigen Zwiebelringe auf die andere Seite. Das Gemüse leicht salzen und pfeffern, dann alles mit Sesam und übrigem Koriandergrün bestreuen.

TIPP

Die attraktiven rot-weiß geringelten Ringelbeten findet man im Herbst in Biogeschäften und auf Bauernmärkten. Gegart verfärbt sich das Fruchtfleisch dunkelrot und erinnert mit seiner Streifenmaserung an rohen Thunfisch – also ein echter Veggie-Fisch-Fake! Nori-Algenflocken gibt es im Asien- und Bioladen. Über fertige Bowls, Suppen oder andere Gerichte gestreut, sind sie ein schnelles Gesundheits- und Aromaplus. Wer keine Flocken bekommt, schneidet ein Nori-Algenblatt in feine Streifen! Hier passt anstelle der Avocadocreme übrigens auch prima das Grüne Sojadressing (s. S. 97).

2 PORTIONEN

55 MINUTEN

VEGAN

OFEN

BEETROOT-BEATS-TUNA-POKÉ-BOWL

ZUTATEN

FÜR DIE BETE-POKÉ

3 Ringelbeten (Tonda di Chioggia, siehe Tipp)

10 g frischer Ingwer

4 EL Reisessig – Zucker

Salz – Pfeffer

Chiliflocken

FÜR DIE AVOCADO-CREME

2 kleine Avocados

Saft von 1 Limette

1 kleine Knoblauchzehe

1–2 TL Wasabipaste

1 EL Sojasoße

Salz – Pfeffer

AUSSERDEM

½ Portion Sushi-Reis (s. S. 118)

120 g tiefgefrorene ausgelöste Edamame

1 EL Sesam

1 dicke Möhre

2 Frühlingszwiebeln

2 EL Nori-Algenflocken (siehe Tipp)

SO GEHT'S

1 Den Backofen auf 220 °C vorheizen. Die Ringelbete in kaltem Wasser gründlich sauber reiben und einzeln in Alufolie wickeln. Auf dem Backofenrost (Mitte) 45–50 Minuten garen – sie sollten nicht zu weich werden – mit einem spitzen Messer eingestochen, sollte noch etwas Widerstand fühlbar sein. Inzwischen Ingwer schälen und in feine Streifen schneiden. Essig mit ¾ TL Zucker verrühren, kräftig mit Salz, Pfeffer und Chiliflocken würzen, Ingwer unterrühren und ziehen lassen.

2 Die Ringelbete aus dem Ofen nehmen, aus der Folie wickeln und lauwarm abkühlen lassen. Dann in ca. 1,5 cm große Würfel schneiden und sofort mit dem Ingwerdressing mischen und abkühlen lassen. Währenddessen die gefrorenen Edamame nach Packungsanweisung 8–10 Minuten in Salzwasser garen, in ein Sieb abgießen und kalt abbrausen.

3 Sesam in einer Pfanne ohne Fett rösten, bis er duftet und leicht bräunt, abkühlen lassen. Möhre schälen und in feine Streifen (Julienne) hobeln. Frühlingszwiebeln waschen, putzen, den weißen und grünen Teil getrennt in feine Ringe schneiden. Avocados längs halbieren, Kern entfernen und das Fruchtfleisch mit einem Löffel aus der Schale heben. Mit Limettensaft mischen. Knoblauch schälen und grob hacken, mit der Wasabipaste und Sojasoße dazugeben und alles fein pürieren. Mit Salz, Pfeffer und Chiliflocken würzen.

4 Die weißen Zwiebelringe unter die Ringelbete mischen. Reis auf Schalen verteilen, darauf nebeneinander die Betewürfel, Möhren, Edamame und Avocadocreme anrichten. Alles mit Zwiebelgrün und Nori-Algenflocken bestreuen und servieren.

2 PORTIONEN

20 MINUTEN (PLUS 1 STUNDE MARINIERZEIT)

VEGETARISCH

MELON-FAKE-TUNA-BOWL

ZUTATEN

WASSERMELONEN-POKÉ

350 g Wassermelonenfruchtfleisch (s. Tipp)

2 TL Sesam

2 Frühlingszwiebeln

15 g frischer Ingwer

3 Msp. Chiliflocken

3 EL Sojasoße

1 EL Reisessig

3 EL Limettensaft

1 TL brauner Zucker

1 TL geröstetes Sesamöl

Salz – Pfeffer

AUSSERDEM

100 g Reis (s. S. 38)

120 g tiefgefrorene ausgelöste Edamame

1 Mini-Gurke

1 Avocado

2 TL Limettensaft

50 g **Mayonnaise** oder **Sojanese** (s. S. 126 oder 127)

1 TL Chilisoße (z. B. Sriracha)

1 Kästchen Radieschenkresse

SO GEHT'S

1 Den Reis, wie auf S. 38 beschrieben, zubereiten. Das Melonenfleisch in 1 cm große Würfel schneiden (siehe Tipp). Sesamsamen in einer Pfanne rösten, bis sie duften, dann abkühlen lassen. Die Frühlingszwiebeln putzen, waschen, trocken schütteln und samt Grün schräg in feine Ringe schneiden. Ingwer schälen, fein hacken und mit Chiliflocken, Sojasoße, Reisessig, 3 EL Limettensaft, 1 TL Zucker und Sesamöl verrühren, salzen und pfeffern. Die Hälfte der Frühlingszwiebeln, Sesamsamen und Melone damit mischen. Zugedeckt im Kühlschrank ca. 1 Stunde ziehen lassen.

2 Inzwischen die Edamame in ausreichend kochendem Salzwasser 8–10 Minuten bei mittlerer Hitze garen. Anschließend in ein Sieb abgießen, kalt abbrausen und abtropfen lassen. Die Gurke waschen, längs halbieren und quer in feine Scheiben schneiden. Avocado längs halbieren, Kern und Schale entfernen und das Fruchtfleisch quer in Scheiben schneiden. Sofort mit 1 TL Limettensaft beträufeln, damit sie nicht braun wird. Mayonnaise mit übrigem Limettensaft und Chilisoße verrühren. Radieschenkresse waschen, trocken schütteln und vom Beet schneiden.

3 Den Reis auf Schalen verteilen, darauf die Edamame, Avocado, Gurke und Radieschenkresse ringsum nebeneinander anordnen, dabei Platz für die Melonenpoké lassen. Melone aus der Marinade heben, leicht abtropfen lassen und ebenfalls auf dem Reis platzieren. Mayonnaise in die Mitte geben. Von der Marinade einige EL abnehmen und über die übrigen trockenen Zutaten träufeln. Alles mit übrigen Zwiebelringen bestreuen.

TIPP

Um das Wassermelonenfleisch in gleichmäßige Stücke schneiden zu können, empfiehlt es sich, eine Wassermelone samt Schale in ca. 1 cm dicke Scheiben zu schneiden. Dann das Fruchtfleisch aus der Schale schneiden, längs in 1 cm breite Streifen und diese dann in 1 cm große Würfel schneiden – dabei, so viele Kerne wie möglich entfernen.

2 PORTIONEN

25 MINUTEN (PLUS 2 STUNDEN MARINIERZEIT)

VEGAN

BUDDHA-MONK-POKÉ-BOWL

ZUTATEN

200 g fester Tofu

1 Knoblauchzehe

15 g frischer Ingwer

4 EL Sojasoße

1 TL Weißwein- oder Reisessig

1 TL geröstetes Sesamöl

½ – ¾ TL Chilisoße (z. B. Sriracha)

4 Frühlingszwiebeln

FÜR DAS PICKLE-GEMÜSE

1 Möhre

150 g Bio-Salatgurke

4 Radieschen

10 g frischer Ingwer

1 TL brauner Zucker

Salz – Chiliflocken

4 EL Weißwein- oder Reisessig

¼ Bund Koriandergrün

AUSSERDEM

125 g Reis (s. S. 38)

3 Blätter (lila) Chinakohl

1 Avocado

1 EL Sesam

Grünes Sojadressing (s. S. 97 nach Belieben)

SO GEHT'S

1 Für das Pickle-Gemüse die Möhre schälen und die Gurke waschen, beides auf dem Spiralschneider in schmale Streifen hobeln, alternativ auf dem Gemüsehobel in dünne Streifen (Julienne) raspeln. Radieschen waschen, putzen und in Scheiben schneiden. Ingwer schälen und fein hacken. Gemüse mit Zucker, einem guten TL Salz, 2–3 Msp. Chiliflocken und Essig mischen und mit den Händen leicht durchkneten, gut zusammendrücken und möglichst noch 1–2 Stunden ziehen lassen (gerne auch über Nacht).

2 Gleichzeitig den Tofu gut trocken tupfen und in gut 1 cm große Würfel schneiden. Knoblauch und Ingwer schälen und fein würfeln. Beides mit Sojasoße, Essig, Öl und Chilisoße verrühren und den Tofu damit übergießen. Frühlingszwiebeln waschen, trocken schütteln, den grünen und weißen Teil in Ringe schneiden. Bis auf einen Teil grüne Ringe alles mit dem Tofu mischen und zugedeckt möglichst noch 1–2 Stunden ziehen lassen

3 Den Reis, wie auf S. 38 beschrieben, garen. Chinakohl waschen, putzen, trocken schütteln, die Blätter übereinanderlegen und quer in ca. 1 cm breite Streifen schneiden. Avocado längs halbieren, den Kern und die Schale entfernen und das Fruchtfleisch gut 1 cm groß würfeln.

4 Reis auf Schalen verteilen, das Picklegemüse leicht abtropfen lassen und auf dem Reis verteilen, Avocado und Chinakohl daneben platzieren. Den Tofu aus der Marinade heben und ebenfalls auf den Reis geben. Die Marinade leicht über Chinakohl und Avocado träufeln oder nach Wunsch üppig mit Grünem Sojadressing beträufeln. Alles mit Sesam und Frühlingszwiebelringen bestreuen.

2 PORTIONEN

25 MINUTEN (PLUS ZUBEREITUNG SUSHI-REIS)

CALIFORNIA-ROLL-SUSHI-BOWL

ZUTATEN

FÜR DIE WASABI-MAYONNAISE

1 frisches Eigelb

2–3 EL Zitronensaft

1 TL Senf

100–120 ml Sonnenblumenöl

Salz – Pfeffer

1 Prise Zucker

½ –1 EL Wasabipaste

AUSSERDEM

½ Portion Sushi-Reis (s. S. 118)

1 reife Avocado

1 TL Zitronensaft

200 g Lachsfilet (ohne Haut und Gräten, siehe Tipp)

1 Bio-Mini-Gurke

1 Möhre

1 EL Sesam

1 EL Nori-Algenflocken oder -streifen

eingelegter Sushi-Ingwer (nach Belieben)

SO GEHT'S

1 Den Sushi-Reis, wie auf S. 118 beschrieben, zubereiten. Für die Wasabi-Mayonnaise sollten alle Zutaten möglichst etwa zimmerwarme Temperatur haben. Das Eigelb mit 2 EL Zitronensaft und Senf in einen hohen Mixbecher geben. Ca. 80 ml Öl obenauf gießen und alles mit dem Pürierstab mixen, dabei nach und nach das restliche Öl zugießen, bis eine cremige, eher leicht flüssige Mayonnaise entstanden ist. Mit Salz, Pfeffer, Zucker und dem übrigem Zitronensaft abschmecken, zuletzt je nach persönlicher Vorliebe mehr oder weniger Wasabipaste untermixen.

2 Die Avocado längs halbieren, Kern und Schale entfernen und das Fruchtfleisch quer in dünne Scheiben schneiden. Diese sofort in Zitronensaft wenden, damit sie nicht braun werden. Das Lachsfilet mit kaltem Wasser abbrausen und trocken tupfen, dann in kleine, ca. 1 cm große Würfel schneiden. Gurke waschen, putzen und in dünne Scheiben schneiden. Möhre schälen und in feine Streifen (Julienne) hobeln. Den Sesam in einer Pfanne ohne Fett rösten bis er duftet, abkühlen lassen.

3 Den Reis auf Schalen verteilen. Gurken- und Avocadoscheiben überlappend darauf anordnen, daneben die Möhrenstreifen und Lachswürfel – wer möchte gibt noch eingelegten Ingwer dazu. Alles mit Mayonnaise beträufeln und nach Belieben mit Sesam und Algen bestreuen.

TIPP

Roher Fisch für Sushi, Sashimi oder Poké muss richtig frisch sein und sollte noch am selben Tag zubereitet und bis dahin gut gekühlt sein. Fragen Sie beim Fischhändler evtl. nach Lachs (oder auch Thunfisch) im „Sushi-Schnitt" – dann sind die Filets im Regelfall gleichmäßig dick und zubereitungsfertig ohne Haut und Gräten.

INDEX

ÜBER DIE AUTORIN

Tanja Dusy fühlt sich am wohlsten, wenn es in der Küche richtig rundgeht. Sie schreibt seit über 15 Jahren erfolgreich Kochbücher und war lange Zeit als Redakteurin tätig. Als Küchenprofi entwickelt sie Rezepte, die nicht nur verlässlich gelingen, sondern auch das besondere Etwas haben.

IMPRESSUM

Bibliografische Information der Deutschen Bibliothek.

Die Deutsche Bibliothek verzeichnet diese Publikation in der Deutschen Nationalbibliografie.

Detaillierte bibliografische Daten sind im Internet über http://www.dnb.de/ abrufbar.

Alle in diesem Buch veröffentlichten Abbildungen sind urheberrechtlich geschützt und dürfen nur mit ausdrücklicher schriftlicher Genehmigung des Verlags gewerblich genutzt werden. Eine Vervielfältigung oder Verbreitung der Inhalte des Buchs ist untersagt und wird zivil- und strafrechtlich verfolgt. Das gilt insbesondere für Vervielfältigungen, Übersetzungen, Mikroverfilmungen und die Einspeicherung und Verarbeitung in elektronischen Systemen.

Die im Buch veröffentlichten Aussagen und Ratschläge wurden von Verfasser und Verlag sorgfältig erarbeitet und geprüft. Eine Garantie für das Gelingen kann jedoch nicht übernommen werden, ebenso ist die Haftung des Verfassers bzw. des Verlags und seiner Beauftragten für Personen-, Sach- und Vermögensschäden ausgeschlossen.

Hinweis zu Backofentemperaturen: Die Angaben beziehen sich auf das Backen mit Ober-/Unterhitze im Elektroherd.

EIN BUCH DER EDITION MICHAEL FISCHER

3. Auflage 2019

© 2019 Edition Michael Fischer GmbH, Donnersbergstr. 7, 86859 Igling

Cover, Layout und Satz: Celina Reiser

Redaktion und Lektorat: Andrea Freier

Fotografie: Nadja Buchczik, Bielefeld

Foodstyling: Anton Enns, Bielefeld

ISBN 978-3-96093-278-9

Gedruckt bei Polygraf Print, Čapajevova 44, 08001 Prešov, Slowakei

www.emf-verlag.de